POP IT UP

ELS DEMEY
JODY DUYCK

POP IT UP

Over het hoe & waarom van pop-upstores

LANNOO
CAMPUS

D/2014/45/13- ISBN 978 94 014 2128 7 - NUR 802

Vormgeving cover: Compagnie Maandacht - Ron Reuman
Vormgeving binnenwerk: Fulya Toper

Uitgeverij LannooCampus maakt deel uit van Lannoo Uitgeverij, de boeken- en multimediadivisie van Uitgeverij Lannoo nv.

UITGEVERIJ LANNOOCAMPUS
ERASME RUELENSVEST 179 BUS 101
3001 LEUVEN
BELGIË

www.lannoocampus.be

INHOUD

AANL

IDING

Waarom we in 2012 met een bedrijf gestart zijn in de pop-upbusiness? Als retailcoaches bespeurden we veel interesse in pop-ups tijdens onze workshops en creativiteitsessies met onze klanten. In heel veel gevallen kwam pop-upretail naar boven als een mogelijke manier om hun bestaande winkel(s) te optimaliseren en (nog) beter af te stemmen op hun shoppers.

Veel klanten startten enthousiast met het opzetten van iets tijdelijks, maar dat bleek niet gemakkelijk. Bij een opvolgmeeting enkele weken of maanden later, merkten we elke keer weer dat onze klanten ergens vastliepen bij het opzetten van hun pop-upshop. Ze vonden geen pand, geen personeel, kregen niet op tijd de nodige vergunningen... Of ze konden maar geen goede installateur vinden die snel genoeg kon schakelen.

Dit deed ons besluiten om een tweede bedrijfje op te richten dat popupshops aanbiedt als fullservicedienst. Van de strategiebepaling en het concept, via het zoeken van een pand, het uittekenen van een passende inrichting tot en met het regelen van de vergunningen en het opbouwen van de tijdelijke winkel.

We kregen nogal wat vreemde reacties toen we dit vertelden. Mensen dachten, en denken nog steeds, dat de pop-up een hype is. Sommigen wisten ons te vertellen dat we beter niet de moeite konden nemen om er een bedrijf rond te bouwen. We zouden toch te laat zijn. De hype zou wel over zijn voor we operationeel waren. Heel veel kritische reacties dus.

We zagen en zien pop-ups echter als mogelijkheid om op een totaal andere manier aan retail te doen. Perfect complementair met het omnichannelgebeuren waar iedereen het momenteel over heeft. We stellen de huidige aanpak van winkels in vraag. Waarom moet je standaard werken met permanente winkels? Wat is hun functie en hoe kan het beter? Elke retailer heeft wel periodes die voor hem drukker zijn. Sterker nog. Sommige retailers halen hun jaaromzet in slechts enkele weken of maanden per jaar. Moet je dan in de kalme periodes zitten wachten op je klanten? Als je tachtig procent van je omzet haalt in drie maanden van het jaar... Kun je dan niet beter negen maanden andere dingen doen?

En kun je dan ook niet beter extra winkels openen in die drie drukste maanden, om zo je groei te verzekeren?

We lichten onze gedachten graag toe met een concreet voorbeeld. Neem nu een kinderschoenenwinkel in een kleine Vlaamse stad. Een dergelijke winkel leeft vooral van lokale klanten en beleeft topdagen in de aanloop naar de jaarlijkse communies en de 'terug naar school'-periode. De andere maanden van het jaar is het er niet zo heel erg druk. En laat dit een understatement zijn. Toch blijven dergelijke winkels het hele jaar door open en proberen ze in hun mindere periodes via advertenties en promotieacties toch klanten te lokken. Maar afgezien van de soldenperiode of uitverkoop, levert dat bij de meesten niet echt succes op. Anno 2014 is dit voor veel kleinhandelaars een herkenbare situatie.

Stel je nu echter eens voor dat we leven in 2030. Is het niet denkbaar dat het businessmodel van dergelijke kinderschoenenwinkels er totaal anders uitziet? Er is een handige, gebruiksvriendelijke webshop, waar klanten het hele jaar door hun bestellingen kunnen plaatsen. Op basis van eerdere aankopen worden ze persoonlijk geadviseerd en begeleid tijdens hun online keuzeproces. Tijdens de drukke weken en maanden van het jaar komt de onlinewinkel steevast enkele weken offline en is de collectie beschikbaar in een fysieke winkel. Niet meer in de kleine stad, maar in de naburige grote stad, waar de zaak een leegstaand pand gebruikt. Het potentieel is er veel groter en de lokale klanten van weleer hebben er geen probleem mee om in de grote stad te shoppen. Deze manier van werken maakt dat er meer verkocht wordt en dat er een zee van tijd vrijkomt om andere zaken te combineren met de kinderschoenenbranche.

Een ander voorbeeld om je helemaal te overtuigen dat pop-upretail een mooie toekomst heeft. Stel, je bent chocolatier. In grote steden als Brussel en Brugge verkoop je bijna het hele jaar door. Je hebt dan ook permanente winkels in beide steden die zich vooral op toeristen richten. Lokale consumenten daarentegen eten opmerkelijk meer chocolade tijdens de koude wintermaanden. Vandaar het idee om tijdens de eindejaarsperiode een aantal extra pop-upwinkels te openen in steden waar je nog niet aanwezig bent. Daarmee jaag je de omzet snel omhoog in een heel korte periode.

Pop-upretail wordt naar onze mening nog te vaak gezien als een amateuristische vorm van retail. Er is zoveel meer te doen dan de alomtegenwoordige stockverkopen. Met dit boek willen we je meenemen in de wereld van pop-upretail. We willen je tonen welke mogelijkheden het fenomeen biedt. We schetsen de mogelijkheden en tonen de voordelen. In het derde deel leggen we je ook stap voor stap uit hoe je het kunt aanpakken.

Je zult merken dat pop-ups veel meer zijn dan een hype. Op termijn zullen veel retailers pop-ups een vaste plaats geven als strategisch instrument in hun marketingplan.

DE
OMEGA

DE
OMGE

DEEL A

VING

Voor we je meenemen in de wereld van pop-upstores, vinden we het belangrijk om de huidige retailcontext te schetsen. Hoe zitten shoppers tegenwoordig in elkaar en hoe maken ze hun aankoopbeslissing? Hoe werken winkeliers en merken in 2014? Is hun huidige model nog efficiënt, en hoe zien ze de toekomst? En dan zijn er nog de steden en de vastgoedwereld. Ook daar zien we problemen, bedreigingen en kansen die we in het volgende hoofdstuk even met je willen doorlopen.

Het retaillandschap verandert snel. De komst van het internet deed de sector veranderen. Plotseling zijn begrippen als *customer journey*, *omnichannel* en *f-commerce* schering en inslag. De afgelopen honderd jaar is er veel gebeurd in de retailwereld. Van postordercatalogi naar de eerste *departmentstores* en nu de webshops. Betekent dit het einde van de fysieke winkels? De leegstand blijft in elk geval sterk toenemen. Retailers die niet mee evolueren, moeten hun deuren sluiten.

Voldoende redenen dus om constant op zoek te gaan naar nieuwe manieren om de consument te prikkelen. Er is behoefte aan nieuwe manieren om in te spelen op die steeds sneller veranderende omgevingsfactoren.

Maar niet alle pop-upconcepten zijn even succesvol. Voordat we kijken hoe en waarom we pop-upconcepten kunnen opzetten, moeten we eerst de omgeving onder de loep nemen. Welke partijen zijn betrokken en wat leeft er bij hen? Achtereenvolgens bespreken we kort de shopper, de retailer, de merken, de stad en de vastgoedontwikkelaar. Allen zijn ze op een of andere manier sterk betrokken bij het gegeven van de tijdelijke winkel. Allen hebben ze verschillende belangen.

DE SHOPPER

De consument zit meer dan ooit in de cockpit. Hij bepaalt wat werkt en wat niet. Echter, die shopper is er de afgelopen decennia niet eenvoudiger op geworden. Hij is heel veel gewoon en veeleisender dan ooit. Niets is nog vanzelfsprekend in een winkel. En mondig is hij ook al. Hij oriënteert zich online en koopt in de showroom *(webrooming)*. Of net omgekeerd *(showrooming)*: hij kiest in de winkel en koopt online. Soms koopt hij zelfs in de winkel, via zijn smartphone, bij de concurrent.

Laten we een aantal consumententrends bekijken die ons een ruimere blik geven op die gewijzigde shopomgeving.

Samen

We merken een tendens onder consumenten om weer dingen sámen te doen. De individualistische maatschappij lijkt, merkwaardig genoeg mede door de sociale media, te gaan veranderen naar een gemeenschap. Mensen willen niet meer alleen tv-kijken, maar samen voetbal kijken. Samen breien of samen een workshop 'fietsen herstellen' volgen. Niet alleen voor de workshop op zich, maar vooral omdat ze daar samen zijn met gelijkgestemden. Het is nu niet meer in om alleen een boek te lezen. Dat doe je tegenwoordig in een leesclub. Het gevoel tot een bepaalde groep te behoren zorgt voor de meerwaarde. De uitstraling van de groep is wel belangrijk. Die moet uniek genoeg zijn om bij de persoonlijke levenssfeer te passen. Mensen willen wel iets in een groep doen, maar die groep moet wel perfect aansluiten bij hun eigen identiteit. Mensen zoeken gezelschap. Ze willen niet meer cocoonen met het gezin, maar samen zijn met een kleine groep gelijkgestemden. Ze zoeken erkenning en bevestiging.

Gebruik is populairder dan eigendom

Usership is the new ownership. Zo lezen we in menige trendpresentatie. Het bezitten van goederen is minder gewild dan erover te kunnen beschikken. Waarom zou je nog een grasmachine of heggenschaar kopen als je die van je buurman kunt gebruiken? Waarom dan ook niet eentje kopen met de buurt en voor de buurt? Sociale taxidiensten zoals Uber vinden snel ingang, al worden ze tegengehouden door de wetgever. En fiets- en autoverhuurbedrijven doen gouden zaken.

Zo ook in de reissector. Booking.com moet er sinds kort Airbnb bij dulden op de markt die logeeradressen aanbiedt. Mensen die een extra kamer voor een prikje verhuren – of beter: laten gebruiken – zien het als een extra bron van inkomsten, of een manier om met anderen in contact te komen. Mensen die hun streek willen bezoeken, geven ze graag goedkoop onderdak. Bovendien delen ze ook graag hun kennis van hun stad en geven de logees tal van tips. Timesharing heruitgevonden. Het kunnen gebruiken van dingen wanneer je ze nodig hebt is veel waardevoller dan ze te bezitten.

Social sharing & microcommunity's

Leuke, spannende dingen moet je delen. Als het niet op Facebook, Twitter of Instagram verschijnt, twijfelen mensen soms zelfs of het daadwerkelijk heeft plaatsgevonden. Toch merken we de laatste jaren een kentering. Tot voor kort moest er zoveel mogelijk gedeeld worden. Niets was te bizar om te *sharen* of te *posten*. We zien nu dat meer en meer mensen wat voorzichtiger omspringen met het grote volume aan data dat ze online plaatsen.

Er komen applicaties en sites waar delen beperkt wordt. Beperkt in de tijd bijvoorbeeld, zoals Snapchat. Je deelt je foto's nog wel, maar ze blijven slechts een beperkt aantal seconden zichtbaar voor je netwerk. Defrienden is ook een populair tijdverdrijf geworden. Het staat 'hipper' om minder vrienden te hebben op sociale netwerksites. En er ontstaan zogenaamde microcommunity-sites. Daar kom je samen met specifieke vrienden om een bepaalde activiteit te delen. Op Strava kun je bijvoorbeeld met een handvol vrienden al je sportprestaties (en trainingen) in detail delen. Via de smartphoneapplicatie registreren sporters hun loop-, fiets- of andere sportactiviteiten om die achteraf te delen. Maar dergelijke informatie deel je niet meer met Jan en alleman. Mensen worden kieskeuriger en delen hun belevenissen slechts nog beperkt.

Onderschat het gegeven van deze microcommunity's niet. Via diverse socialemediakanalen informeert de consument zich meer dan ooit. Op zoek naar een leuke bistro? Foursquare geeft je in een straal van vijfhonderd meter meteen een lijst van de best scorende adresjes binnen je vriendengroep. Wil je op reis? Booking.com of andere Tripadvisors laten je perfect alle hotels selecteren die een minimale score van acht op tien halen, berekend op basis van echte ervaringen van andere reizigers. Advies dat je blindelings durft te volgen. Mond-aan-mondreclame is op deze manier krachtiger dan ooit. Iedereen kan een beroep doen op expertise binnen zijn netwerk. Een netwerk dat veel geloofwaardiger is dan de klassieke communicatieboodschappen. Een netwerk dat ook heel gemakkelijk gepolst kan worden.

Kunstmatig exclusief

We merken ook een tendens naar *massclusivity*, exclusiviteit voor de massa. We kunnen dit fenomeen ook wel 'kunstmatig exclusief' noemen. Iets wat tijdelijk of schaars is, wordt felbegeerd. Het feit dat je binnen je vriendengroep de enige bent die er geweest is, of die een ticket bemachtigde, maakt je populair. Pop-upstores maken handig gebruik van deze exclusiviteit. Door zaken beperkt aan te bieden, zowel naar aanbod als in tijd. Straks meer daarover. Een gelimiteerde productie van een product is meteen uitverkocht. Denk aan de sporadische, gelimiteerde collecties met topontwerpers bij H&M bijvoorbeeld. Of jubileumedities van auto's of uurwerken. Ze verkopen als zoete broodjes, enkel en alleen omdat er (bewust) slechts een beperkt aantal van is gemaakt.

Een product aanbieden voor een dag, een week. Daarna is het niet meer te verkrijgen. Dat werkt.

Verpersoonlijking

One-size-fits-all werkt niet meer. Shoppers willen het gevoel hebben dat iets op maat voor hen werd gemaakt. Ze willen een zo persoonlijk mogelijke beleving. Deze verpersoonlijking geldt zowel voor de producten die gekocht worden, als voor de manier waarop shoppers benaderd worden. Denk maar aan de acties die Duvel en Coca-Cola doen met de gepersonaliseerde flesjes. Standaardproducten, maar de consument vindt het fijn om zijn foto of zijn naam op 'zijn' product te zien.

Een onderzoek van Steven Van Belleghem (in samenwerking met Survey Sampling International en No Problem) wijst uit dat bijna één op de twee consumenten (46%) wil dat merken en winkels de zogenaamde *big data* die ze verzamelden, gebruiken om consumenten een meer gepersonaliseerde winkelbeleving te bieden. Binnenkort weet de winkelbediende dus perfect welke producten je al bekeek op de website alvorens naar de winkel te komen. Dat moet uiteraard een betere service opleveren. Althans, dat is toch wat consumenten mogen verwachten door hun data beschikbaar te stellen aan bedrijven.

Op heel wat e-commercesites is dat trouwens al het geval. Amazon beveelt ons intussen al een aantal jaren gelijkaardige boeken aan in de lijn van onze laatste aankoop. Net zoals Coolblue accessoires aanbiedt of promotiebanners laat verschijnen naar aanleiding van je laatste zoekopdrachten. Zo zal dus ook in fysieke winkels de verwachting van de consument stijgen. Dankzij onder andere de *beacon*-technologie kan de smartphone van de consument dergelijke verwachtingen perfect inlossen. Winkeliers zullen zonder problemen berichten kunnen versturen naar de smartphone van de gebruiker met een heel persoonlijke aanbieding op basis van zijn interesses. Of bijvoorbeeld op basis van het saldo van zijn klantenkaart een specifieke korting aanbieden.

Deze trend staat lijnrecht tegenover de opkomst van de microcommunity's en het *defriending*-fenomeen op sociale platforms. Enerzijds willen we minder en minder informatie over onszelf delen, maar anderzijds vinden we het leuk als deze informatie gebruikt wordt om ons een persoonlijk voordeel te bieden. Sommigen worden heel voorzichtig bij het online verspreiden van hun gegevens. Anderen hebben slechts een kleine aanmoediging nodig om het toch te doen. Maar het blijft uiteraard balanceren op een slappe koord.

Cashless

Betaal- en kredietkaarten zullen langzaam maar zeker vervangen worden door *mobile payment*. Contactloos betalen met de smartphone scheert nu al hoge toppen in enkele landen. Nu al zien we, ook in West-Europa, tal van initiatieven. Bitcoin, Google Wallet, Paypal en Apple Pay: het ene is al succesvoller dan het andere, maar de klassieke betaalmiddelen zullen langzaam maar zeker verdwijnen. Als je tegenwoordig op straat vraagt wie er cash bij zich heeft, dan zijn de bedragen in de portefeuilles aanzienlijk lager dan pakweg tien jaar geleden.

Traceerbaarheid

Deze tendens zien we al een tijdje in het retaillandschap. Vooral binnen de voeding- en kledingindustrie vinden consumenten het tegenwoordig belangrijk om te weten waar hun producten vandaan komen. Enerzijds om de kwaliteit ervan te kunnen inschatten. Anderzijds om hun ecologische voetafdruk wat te beperken. Al lijkt dat laatste voor de meeste consumenten minder belangrijk dan het eerste. Na een aantal voedselschandalen een paar jaar terug, zijn veel mensen wantrouwiger geworden. Lokale streekproducten zijn weer populair. Zeker ook door de invloed van de vele kookprogramma's op tv, die het steeds hebben over mooie, lokale producten. Maar ook de rampen in de confectiefabrieken in India deden veel mensen toch heel even stilstaan bij hun consumptiepatroon wat kleding betreft. Het moet allemaal goedkoop zijn, maar niet langer ten koste van om het even wat. Ethisch ondernemen en transparantie worden door shoppers meer en meer gewaardeerd.

Beleving

Shoppers zijn heel veel gewoon. Beleving is geen extraatje meer in de winkel, maar een standaard verwachting. Behalve voor een uitgebreid assortiment, komt de consument naar de winkel voor een aangename beleving. Hij shopt niet enkel omdat hij/zij iets nodig heeft, maar vooral ook omdat hij dat graag doet. Het is een vorm van ontspanning, en klanten zijn voortdurend op zoek naar nieuwe prikkels. Een leuke inrichting, een verrassende geur of een leuke 'mannenhoek' in de winkel om even van een kopje koffie te genieten terwijl vrouwlief verder past. Shoppers zijn het al lang gewend en kijken er zelden nog van op. Hoe ga jij ze nog verrassen? In Berlijn ontdekten we jaren terug al een wijnwinkel waar je 's avonds kon genieten van een lekkere bistromaaltijd. Een ideale manier om extra inkomsten te genereren en vooral om bistroklanten wijnen te laten ontdekken. Een aangenaam kader dat ons blijkbaar is bijgebleven.

Verras+

Hoe kun jij de mondhoeken bij die veeleisende consument toch omhoog laten krullen? Het verschil zit in heel kleine dingen. Sommige retailers slagen erin om toch telkens nog te verrassen. Mercedes nodigde in 2014 zijn klanten niet zomaar uit naar het jaarlijkse Autosalon in Brussel. Ze boden hen een leuk extraatje: ze konden gratis hun Mercedes parkeren en genieten van een gratis shuttlebus tot de ingang van het salon. Terwijl je op het salon rondkuierde, werd je auto aan een gratis check-up onderworpen. Een mooie manier om je klanten te belonen.

Het kan ook anders. Winkeliers die sporadisch iets gratis geven aan hun trouwe klanten bijvoorbeeld. Een mooi voorbeeld daarvan is een fietshandelaar die, ondertussen zo'n twintig jaar terug, een merktrui cadeau deed aan een van zijn trouwe klanten. Een trui die waarschijnlijk al sterk gedemodeerd was, maar vandaag nog steeds in de kast ligt van die bewuste klant. Voor de handelaar een kleine moeite om een product, dat hij waarschijnlijk toch niet meer kan verkopen, weg te geven. Maar het gebaar blijft bij.

Studies wijzen trouwens uit dat sporadisch iets gratis weggeven aan klanten (zonder dat daar iets aan gekoppeld is) veel meer effect heeft dan om het even welk getrouwheids- of spaarprogramma. De reden is simpel: verrassingen onthouden mensen langer en beter.

Gemak

De komst van het internet en dan vooral de e-shop maakt het de consument gemakkelijker om aankopen te doen. Vanuit je luie stoel kun je alles kopen. Maar waarom werkt dit soms ook helemaal niet? Waarom zijn mobileshoppingapps van supermarkten in Frankrijk bijvoorbeeld veel populairder dan in Vlaanderen? Delhaize Direct, de online bestelformule van Delhaize, kan anno 2014 in Vlaanderen niet echt een succes worden genoemd: slechts een beperkt aantal aankopen via de applicatie per week, per supermarkt. In Frankrijk daarentegen kan Auchan met een gelijkaardig initiatief de bestellingen amper bijhouden.

Ook hier ligt volgens ons een deel van de uitleg in het geboden gemak, *convenience* genoemd in de internationale vakliteratuur. De app is in beide gevallen gemakkelijk en gebruiksvriendelijk. Maar de tijd die je verliest om de bestelling op te halen helemaal niet. En de bereikbaarheid evenmin. De Vlaamse Delhaize-supermarkt ligt meestal niet aan de afrit van een autosnelweg. De openingsuren zijn wat beperkter dan die in Frankrijk. En vooral de snelheid en vriendelijkheid van de 'laadjongens' is een belangrijke factor.

Je komt aan de betaalterminal, wordt in je eigen taal bediend, krijgt een laadkade toegewezen en in de tijd dat je de koffer opendoet, staan de Franse laadjongens al klaar om je koffer te vullen met je bestelling. Onze ervaring met Delhaize is voorlopig helaas minder positief. Je verliest tijd door de locatie in het drukke centrum, op de parking krijg je geen *priority service* en inladen moet je zelf doen. In het beste geval kun je vlakbij parkeren, maar het is gewoon helemaal anders georganiseerd dan bij Auchan. Het *drive*-concept zoals in Frankrijk is gemakkelijker. In België is de groep Cora/Louis Delhaize met Wink een gelijkaardig concept aan het uittesten, net zoals Carrefour, dat met driveconcepten aan het starten is.

Wat leert deze case ons? Gemak doet kopen. Het komt eropaan om alle ergernissen (of toch zoveel mogelijk) bij de consument weg te nemen en te vervangen door positieve, verrassende elementen.

Hetzelfde geldt voor diverse e-shops in elektronica. Bij hun lancering heersten er heel wat vooroordelen bij consumenten. Zijn die onlinewinkels wel te vertrouwen? Zullen ze wel leveren binnen de beloofde termijn? En wat als mijn aankoop nadien hersteld moet worden? Heb ik wel dezelfde garantie?

Coolblue werkte de afgelopen jaren keihard om die vooroordelen weg te werken. Enerzijds door duidelijke communicatie, anderzijds door het principe *underpromise-overdeliver.* Bij elk klantencontact proberen ze de mondhoeken van de klanten een heel klein beetje omhoog te laten gaan. 'Mondhoekmarketing' noemen ze dat daar. Maar bovenal weten ze dat ze als e-retailer bereikbaar moeten zijn. Telefonisch, via chatfuncties, maar evenzeer in fysieke winkels. Een heel mooi voorbeeld van hoe je er met eenvoudige zaken toch in slaagt de wantrouwige consument voor je te winnen.

C

- CASE -
Gemak doet soms online kopen

Tijdens de drukke eindejaarsperiode besef je plotseling dat je nog geen cadeau hebt voor het bezoekje aan je ouders op nieuwjaarsdag. Het is al na vier uur, maar je kunt in principe nog naar de stad om iets te gaan zoeken. Meteen komt daarbij echter het beeld bij je op van overbevolkte winkelstraten, parkeerproblemen en drummende mensenmassa's. Om nog maar te zwijgen van de snijdende wind en de buien die regelmatig voor een nog frisser gevoel zorgen. De zin om te gaan shoppen is dan ook heel snel over.

Een aantal jaar geleden had je geen andere keuze. Wilde je nog een cadeau, dan trok je maar beter toch nog de stad in. Nu kun je echter opteren om het anders te doen.

Concreet waren we op zoek naar een set van zes waterglazen. Een heel korte oriëntatie op het internet leerde ons dat Coolblue dergelijk aanbod verkoopt. Na enkele kleine online testaankopen hadden we deze online retailer intussen aan ons kransje van betrouwbare e-tailers toegevoegd. We aarzelden dan ook niet om meteen te bestellen. Enkele minuten later was de bestelling een feit en de volgende morgen werden de glazen netjes aan onze deur afgeleverd. We vermeden een avondje ergerlijk shoppen in een veel te drukke stad en vonden in enkele minuten precies wat we zochten voor een eerlijke prijs. Gemakkelijk, snel en correct. Daar word je als shopper toch blij van?

Bovenstaande trends en evoluties bieden dus heel wat kansen. De consument is zijn shopgedrag aan het veranderen. In sommige sectoren is het al gebeurd, andere sectoren ondervinden deze veranderingen nu stilaan ook. Waar hij koopt is niet meer zo belangrijk, hij is minder trouw en koopt bij verschillende winkels. Bovenal wil hij gemak, en nog steeds de beste prijs-kwaliteitverhouding. Het grote verschil met jaren terug is dat de shopper nu ook beschikt over (online) tools om dit allemaal te realiseren.

Het nieuwe winkelen gaat niet over online of offline. Het gaat niet over prijzen, kortingen of *flashy* reclamestunts. Het gaat in de eerste plaats nog steeds over de shopper en hoe je hem ervan kunt overtuigen dat jouw winkel de beste keuze is. Online of offline. In een permanente of tijdelijke winkel. Zolang hij maar jouw producten of diensten koopt.

DE RETAILER

De tijd dat een onvriendelijke winkelier toch dag na dag een *full house* had, is (gelukkig) voorbij.

Winkeliers krijgen meer en meer concurrentie: van internationale ketens, jonge starters die het net iets anders aanpakken, en ja, zelfs van hun leveranciers.

Om te overleven moet je als winkelier veranderen. Consumenten veranderen ook. Ze raken overal aan gewend en gaan op zoek naar nieuwe prikkels. Ze zijn steeds mondiger. Om als retailer te blijven overleven, moet je de klant dus constant weten te prikkelen, blijven verrassen en vooral nog meer verwennen dan je tot nu toe al deed.

Betekent het internet het einde van de fysieke winkel? Neen, maar als winkelier moet je wel mee evolueren en duidelijke redenen geven waarom de consument naar jou toe moet komen. Over omnichannel, multichannel of e-commerce gaat dit boek niet. Maar dit is wel de wereld waar de retailer vandaag in vertoeft en waarin hij het moeilijk heeft om zich aan te passen.

Moet ik een webshop openen? Moet ik winkels sluiten of nog meer verkooppunten opzetten? Het zijn vragen waar veel retailers dagelijks wakker van liggen.

Fysieke winkels lijken heel wat nadelen te hebben tegenover webshops. Goede locaties zijn duur, vereisen parking en goed opgeleid, vriendelijk personeel. Al deze zaken zorgen voor veel vaste kosten. Niet het minst de huur, maar ook de inrichting en het personeel kosten handenvol geld.

Webwinkels lijken in dat opzicht beter af. Ze hoeven geen huur te betalen, hebben geen last van inrichtingskosten en hoeven ook niet te beschikken over een ruime parking of verkooppersoneel. Maar ook deze formule heeft nadelen. Het is minder persoonlijk en ook hier zijn goed opgeleide mensen vereist. Hoe verloopt de opslag en de logistiek? Hoe snel wordt een order verwerkt en geleverd? Wat doe je met teruggestuurde producten? En ook een goede webshop opzetten kost veel geld. Het onderhoud misschien zelfs nog meer. En tot slot is er de communicatie. Een webwinkel moet nog meer dan een fysieke winkel zichzelf bekend maken. Consumenten passeren immers niet zomaar een e-shop. In een drukke winkelstraat daarentegen leven veel winkels wel van die dagelijkse passages.

Via massacommunicatiemiddelen kon men als winkelier tot voor kort aandacht kopen. Maar de huidige consument is verzadigd. Hij is immuun geworden voor reclameboodschappen en laat zich minder gemakkelijk strikken.

En dan is er nog de vastgoedwereld. Vroeger was het simpel. Je zocht de beste locatie, waar je een scherpe prijs voor onderhandelde, en je had een verzekerde omzet. Die focus op het onroerend goed werkt vandaag niet meer zo krachtig. Steden en shoppingcentra kampen met leegstand, waardoor het imago en de aantrekkingskracht van de hele stad of het centrum een deuk krijgt. Hoe los je dat op? Een sporadische pop-upshop lijkt voor sommigen een wondermiddel, maar ons lijkt het eerder een klein pleistertje op een grote wonde.

Retailers twijfelen. Hun wereld evolueert snel en ze weten niet welke beslissingen ze moeten nemen. Er is duidelijk behoefte aan een nieuw model. Een model dat zich stilaan aan het vormen is. Een model waarin zowel fysieke winkels als online shops hun plaats krijgen. Een model waar ook pop-upshops in thuishoren. Maar vooral een model waar de consument meer dan ooit aan het stuur zit. En dat is goed nieuws. De shopper blijft de constante in het retailgebeuren en dat lijkt niet meteen te gaan veranderen.

Momenteel bekijken de meeste retailers hoe ze zich kunnen aanpassen aan het omnichannelgebeuren. Een pop-upstore is een uitstekende tool om te gebruiken binnen een omnichannelpolitiek. Je kunt er niet alleen snel verandering mee doorvoeren, maar ook relatief gemakkelijk nieuwe formules mee testen. Wil je het effect van fysieke aanwezigheid in een bepaalde regio meten, dan kun je relatief gemakkelijk een (extra) tijdelijke winkel opzetten ter ondersteuning van je online shop. Pop-ups blijken verder een ideale tool om de beleving en het persoonlijke contact, dat verloren gaat bij e-commerce, terug te brengen. Voor veel retailers misschien een van de oplossingen in hun nieuwe winkelmodel van de toekomst.

DE MERKEN

Merken hebben retailers nodig. Om hun producten dicht bij de consument te brengen. Omgekeerd hebben retailers ook merken nodig. Om klanten naar hun zaak te lokken. Maar de consument heeft nu de macht. En die consument koopt waar en wanneer hij het wil. Waarom dus ook niet rechtstreeks bij de merken? Bij hun internationale e-shop bijvoorbeeld. Merken worden meer en meer rechtstreeks benaderd door consumenten.

Het merk kan tegenwoordig heel gemakkelijk rechtstreeks aan de eindconsument verkopen. Via *flagshipstores*, *outlets* of gewoon de eigen webshops. Soms op vraag van de consument zelf, die weet wat hij wil en dat direct wenst aan te kopen. Soms ook uit strategische overwegingen. De producent wil dichter bij de eindklant staan. Hij wil rechtstreeks feedback en daarom opent hij eigen winkels of e-shops.

Op die manier worden winkeliers gepasseerd, maar dat is niet altijd een goede strategie. Als merk heb je de retailer nodig. Om als afhaalpunt te fungeren of, meer nog, om service te verlenen als er iets misgaat. Hoe zorg je er als merk voor dat je 'doorverkopers' jouw merk liever aanbevelen dan dat van je concurrent? Juist, je kunt beter tweemaal nadenken voor je als merk voor een *direct marketing*-strategie opteert. Slechts weinig merken zijn daar goed in. En dan nog zullen ze winkeliers nodig hebben.

Neem nu bijvoorbeeld Nespresso. Een schoolvoorbeeld van een *direct marketing*-aanpak. Althans voor de capsules. Die kun je enkel kopen via de eigen kanalen: een webshop of een van de exclusieve *flagshipstores*. Maar de toestellen zelf, die kun je wel overal kopen. Op die manier hebben zelfs dergelijke merken behoefte aan een goed uitgebouwd netwerk van winkeliers die hun merk aan de man brengen.

Merken beloven veel communicatie-inspanning aan hun retailers. Ze beloven een gewild merk verder uit te bouwen, zodat er naar gevraagd zal worden. In de jaren tachtig en negentig van de vorige eeuw ontstonden op die manier de grote internationale wereldmerken. Maar anno 2014 is de consument immuun geworden voor reclame. Elke zichzelf respecterende firma lanceert tegenwoordig een eigen merk, met bijbehorende naam, imago en identiteit. Het is hoe langer hoe moeilijker om een succesvol merk te lanceren en uit te bouwen. Het oude recept waarbij een merk voldoende GRP's kocht om op die manier onder de aandacht te komen, werkt niet meer. Folders, advertenties, banners en andere tv- en radiocommercials hebben een groot deel van hun kracht verloren. Hoe trek je als merk nu nog de aandacht van je publiek? Er zijn extra mogelijkheden, zoals de sociale media, maar zijn die zaligmakend? Waar moet je in investeren en van welke communicatiekanalen blijf je beter af?

Sommigen beweren dat het over *contentmarketing* gaat. *Storytelling* ook. Anderen zweren bij authenticiteit. Wij geloven in een combinatie van deze twee elementen. Een 'echt' verhaal waarmee het merk waarde creëert voor de klanten. Door de komst van het digitale is alles heel transparant geworden. Je kunt als merk dus maar beter doen wat je belooft. En enkel beloven wat je gaat doen. Slechts op die manier kun je het hart van de consument (terug)winnen. Mensen geloven in eerlijkheid. Ze zoeken 'echte' merken die hen inspireren en verrassen. De wereldmerken zoals Google, Coca-Cola, Ikea... Allemaal zijn ze heel consistent in wat ze doen en zijn voor hun klanten. *In return* kunnen ze genieten van een grote klantentrouw. En laat pop-upshops nu net een heel mooie en efficiënte tool zijn om te tonen wat je doet voor je klanten. Heel dicht bij hen, daar waar ze je niet verwachten.

DE STAD

Vroeger gebeurde shopping lokaal. Iedereen kocht in zijn eigen buurt, bij de handelaar om de hoek. De concurrenten waren bekend en de handel was overzichtelijk. De kracht lag in een goede locatie en het persoonlijke contact. En het onroerend goed steeg elk jaar in waarde, zolang de winkelstraat maar aantrekkelijk bleef.

Maar sommige winkels krijgen het moeilijk omdat ze weigeren zich aan te passen aan de nieuwe omgeving. Ze vallen er tussenuit en er ontstaat meer en meer leegstand.

Dorpen en steden krijgen andere functies. Vroeger vond je in elk dorp een café, een bakker en een slager, waar je de basisinkopen kon doen. Tegenwoordig bestaan er heel veel dorpen waar je nauwelijks nog een handelszaak aantreft. Vlaanderen verstedelijkt. Shoppers kopen in de buurt van hun werk, en niet meer in hun straat. Ze keren 's avonds terug naar hun dorp om te slapen. Soms nog om te ontspannen, al zien we ook al heel veel mensen na het werk meteen de hardloopschoenen aantrekken om in die stadsomgeving nog even stoom af te blazen. Het is gemakkelijker om alles in de stad te doen. Daar vind je voldoende faciliteiten en je verliest minder tijd. Dat laatste is een belangrijk argument, zeker voor de actieve bevolking die een job of baan combineert met een gezinsleven.

Behalve met verstedelijking krijgen we de laatste jaren te maken met steeds meer shoppingfaciliteiten aan de stadsrand. Deze *out-of-town-shopping-centers* schreeuwen om de aandacht van de consument. En er is de e-commerce die jaar na jaar belangrijker wordt. Niet te verwonderen dus dat de leegstand alsmaar groter wordt. En hoe meer leegstand, hoe minder aantrekkelijk de winkelstraat en de stad of het dorp. We komen in een negatieve spiraal terecht.

Waarom leven kleine dorpjes in het zuiden van Europa wel?

Verstedelijking zoals hierboven beschreven is een typisch Vlaams fenomeen. Reis je bijvoorbeeld naar Toscane in Italië of andere zuiderse landen, dan merk je dat ook heel kleine dorpjes nog heel levendig zijn. Je vindt er nog alle handelszaken die je nodig hebt. De lokale handelaars zijn er trots op het feit dat ze hun klanten nog kunnen bedienen.

Afgelopen zomer kwamen we in zo'n Toscaans dorpje terecht. De bakkerij wordt er 's avonds omgetoverd tot bistro. Allemaal met lokale, zelfgemaakte producten van maximaal enkele kilometers verderop. Nog verder ontdekten we in een gehucht van slechts enkele tientallen inwoners een bakker die elke vrijdagavond pizza maakt. Enkel op vrijdag en tot zijn deeg op is. In Vlaanderen is zoiets ondenkbaar. En toch kunnen we er als Vlaming van genieten terwijl we op vakantie zijn.

Locatus voorspelt dat tegen 2020 één op de tien winkelruimtes leeg zal staan. We komen trouwens nu al aardig in de buurt.

LEEGSTAND IN BELGIË

2008 - 5.1%
2009 - 5.4%
2010 - 6.2%
2011 - 6.6%
2012 - 7.0%
2013 - 7.8%
2014 - 8,6%

Bron: Locatus België BVBA

Er ontstaan grote en middelgrote winkelsteden en de kleinere steden vallen ertussenuit. Want het zijn vooral de minderwaardige B-locaties die leeg komen te staan. Wil je als handelaar uit zo'n kleine stad verhuizen naar een grotere stad, dan word je al snel geconfronteerd met andere huurprijzen dan je gewend bent.

De beweging naar meer en meer leegstand geldt niet voor A-locaties in de grote steden. A-locaties blijven zeer gewenst bij de retailers. Ze zijn schaars en uiterst interessant qua ligging en passage. We zien hier trouwens nog steeds een continue stijging van de huurprijzen. Het zijn eerder panden gelegen in de commercieel moeilijkere gebieden binnen de steden of in kleinere steden en randgemeenten die meer en meer met leegstand te maken hebben.

Tegelijkertijd is er ook een groeiende tendens om nieuwe, grote vastgoedprojecten te financieren met grootschalige detailhandel, zoals in shoppingcentra. Dit is meestal slecht nieuws voor de centrumstraten. Een voorbeeld van dit fenomeen vinden we in Sint-Niklaas. De markt (en de omliggende centrumstraten) was waar het te doen was. Tot men besliste om een mooi, groot shoppingcenter toe te laten aan de rand van de stad, vlak bij de afritten van de autosnelweg. Weg shoppers in de stad. Leegstand in het stadscentrum was het logische gevolg.

Betere voorbeelden van ruimtelijke ordening vinden we in steden waar men nieuwe initiatieven probeert te integreren in het stadscentrum. Shoppingcentra zoals K in Kortrijk of *Au bord de l'eau* in Verviers zijn daar mooie voorbeelden van. Ook in die steden kampen ze met leegstaande handelspanden, maar door de integratie van het shoppingcenter in de stad kunnen ze wel blijven genieten van een aantrekkelijke binnenstad voor shoppers. Mét parkeermogelijkheden trouwens, door de vele ondergrondse parkeerplaatsen die erbij kwamen. Sommige minder aantrekkelijke B- en C-locaties komen hier leeg te staan door de extra A-winkels in de *shoppingmall*, maar de stad blijft leven en shoppers aantrekken. Nog meer dan vóór de komst van de nieuwe winkelcentra.

Echter, heel veel van die shoppingcentra of straten zijn eenheidsworst geworden. Allemaal dezelfde (internationale) ketens met bijna identieke winkels. Hoe kan je als stad het verschil maken en ervoor zorgen dat de consument bij jou zijn centen komt uitgeven?

Met de opkomst van beleving en omnichannel zien we dat meer en meer retailers opnieuw winkels openen in stadscentra. Centra waar ze tot op heden niet aanwezig waren. Grote merken komen met al dan niet tijdelijke winkels die de consument moeten verrassen en die beleving moeten bieden. Dergelijke evoluties bieden kansen voor veel steden. Het kan een mooie verrijking zijn van een stadscentrum om zulke winkels aan te trekken en op die manier een meerwaarde te verkrijgen tegenover andere steden.

De vele leegstand oplossen door het faciliteren van tijdelijke winkels, is dat een optie? Niet op de manier waarop dat tot op heden gebeurt. Leegstaande panden zo goed als gratis ter beschikking stellen van starters zijn leuke initiatieven. Vooral voor de starters. Het kan deze jonge ondernemers helpen om goedkoop hun eerste stappen in de retail te zetten. Maar wat gebeurt er nadien?

In Antwerpen werd met Vlaamse en Europese subsidies een project opgezet om via pop-upstores een verloederde buurt te doen opleven. Er werden zeventien panden aangepakt, als etalage of pop-up. Uiteindelijk beslisten drie zaken om zich permanent te vestigen. Welk signaal geef je daarmee als stad? De tijdelijke sfeer met de verschillende pop-ups is helemaal anders dan de uiteindelijke sfeer in de straat, wanneer er slechts een heel beperkt aantal blijven. Voor die overblijver(s) is dit allesbehalve positief.

Pop-ups kunnen heel krachtig zijn. Daar hebben we het straks over. Maar sommige problemen kun je niet oplossen via pop-upformules. Sommige problemen hebben een structurele en geen tijdelijke oplossing nodig. Pop-ups kunnen in dergelijke gevallen een leuke aanvulling zijn, maar mogen niet als de enige oplossing gezien worden.

DE VASTGOEDWERELD

Als we de retailomgeving bekijken, kunnen we niet om de wereld van het vastgoed heen. Eigenaars van winkelvastgoed hadden en hebben een belangrijke invloed op de handel in een regio.

In België is de leegstand net zoals in andere West-Europese landen een stijgend probleem. De pandeigenaar staat dan ook meer en meer open voor een tijdelijke bezetting van zijn pand. Dat biedt een waaier aan mogelijkheden.

Probleem echter is dat de eigenaars en de vastgoedwereld gewoon zijn dat huurprijzen jaarlijks stijgen. Met de steeds groter wordende leegstand komt daar stilaan een einde aan. Zijn de vierkantemeterprijzen nog realistisch? Sommige locaties zijn hun prijs waard, maar de net iets minder goed gelegen panden blijken nu vaak te duur.

Wekelijks worden leegstaande panden beschikbaar gesteld aan kantoren 'om er iets mee te doen'. Welk vastgoedkantoor vindt een nieuwe eigenaar of huurder? En hoe kun je iemand overtuigen om zich in een bepaalde straat te vestigen? Niet zo eenvoudig, gezien de evoluties bij consumenten, steden en retailers...

En toch worden nog elke dag nieuwe shoppingcentra gebouwd. 'Stadsvernieuwing', noemt men dit meestal.

In 2012 werden we als spreker gevraagd op Mapic. Dat is een jaarlijkse, internationale beurs in Cannes, waar de top van het winkelvastgoed zich zo goed mogelijk probeert te verkopen aan geïnteresseerde (meestal internationale) retailers. In het mooie beursgebouw, vlak aan de Middellandse Zee, zie je dan ook heel veel mannen in klassiek pak, mét zonnebril en de nodige allure. Je kunt er terecht voor projecten uit Canada en de VS, via Europa tot het Midden-Oosten. Iedere zichzelf respecterende projectontwikkelaar die ergens in de westerse wereld een shoppingproject aan het opzetten is, moet er aanwezig zijn en probeert er zijn vierkante meters te verkopen of te verhuren.

We vonden het dan ook vreemd dat we als jong bedrijf gevraagd werden om er te spreken over onze visie op pop-upstores. We lieten niet na om het tijdens onze presentatie even ter sprake te brengen. Wij brachten onze visie over het wat en hoe met leegstaande winkelruimtes, midden in een exporuimte vol mensen die extra winkelruimte aan het creëren waren. Er was veel aandacht en interesse. Maar er klopte iets niet, dachten wij. Meer en meer leegstand, en duidelijk ook angst daarvoor, maar toch nog zo veel nieuwe projecten in aanbouw.

Na onze presentatie werden we dan ook van over de hele wereld gevraagd wat we voor hun shoppingcentra konden betekenen. Kan pop-up een oplossing zijn om de leegstand binnen (nieuwe of bestaande) shoppingcentra snel 'op te vullen'? De meesten moesten we ontgoochelen... Het zoeken van klanten voor *shoppingmalls* behoort niet tot ons dienstenaanbod. Maar pop-up kan natuurlijk wel ingeschakeld worden bij projectontwikkeling.

In Kortrijk bijvoorbeeld werd een oude tentenfabriek verbouwd tot lofts, appartementen en kantoren. De projectontwikkelaar wilde dit project van de hand doen via een klassieke advertentiecampagne in bekende kwaliteitskranten en tijdschriften. We konden hem ervan overtuigen om zijn pand ter beschikking te stellen voor een uniek pop-upgebeuren.

Het pand was ideaal gelegen, vlakbij Kortrijk Xpo, waar elke twee jaar de Biënnale Interieur plaatsvindt. Elk jaar opnieuw merkten we het grote gebrek aan hotelcapaciteit en leuke bars om na de beurs even bij te praten.

Het concept voor de pop-up was dan ook snel duidelijk: een tijdelijk hotel met wijnbar dat voor slechts tien dagen de mogelijkheid bood aan consumenten om de sfeer van een veertig jaar leegstaande tentenfabriek op te snuiven.

Maar wat kon de projectontwikkelaar aanvangen met dit idee? Wel, doordat het leegstaande fabrieksgebouw als wijnbar en hotel werd ingericht, kreeg die ook de mogelijkheid om zijn verkoop op plan naar een andere dimensie te brengen. De verkopers nodigden potentieel geïnteresseerden uit om bij een glas wijn even te komen proeven van de historie van de site. En met de nieuwe technologie op tabletcomputers konden ze ook meteen zien hoe hun toekomstige loft er ging uitzien. Deze beleving, gekoppeld aan de historie van het pand die mooi naar voren kwam, zorgde alleen al tijdens deze tiendaagse voor een verkoop van tachtig procent van de ruimtes. Mooi meegenomen extraatje: de communicatiewaarde van de vele (gratis) persartikels steeg sterk boven de eerst geplande advertentiecampagne. Een mooi voorbeeld van hoe je als projectontwikkelaar door creatieve en gedurfde communicatie via pop-upformules kunt scoren.

Een ander mooi voorbeeld van de kracht van pop-upformules bij projectontwikkeling vinden we in Londen. Een oud pand in East London werd met de grond gelijk gemaakt. Het braakliggende terrein, centraal gelegen in de nieuwe hippe buurt Shoreditch, bood mogelijkheden. Niet het minst dankzij de Olympische Spelen die er in 2012 plaatsvonden. Een slimme investeerder bouwde er Boxpark: een tijdelijk shoppingcenter gebouwd uit zeecontainers. Hij speelde in op de trend waarbij meer en meer shoppers op zoek waren naar nieuwe prikkels. Hij bracht onder het motto *low cost, low risk* lokale ondernemers samen met internationale merken en bouwde er een unieke beleving. Meer dan een shoppingmall wilde hij een *activity centre* zijn, een plaats waar mensen samenkomen. Dat werd een aantrekkingspool voor de vernieuwde buurt. Zo kun je in afwachting van een nieuw op te richten gebouw, inkomsten winnen uit het faciliteren van tijdelijke retail.

Pop-up kan voor eigenaars niet alleen interessant zijn om tijdelijk aan inkomsten te komen. Het zorgt er ook voor dat een leegstaand pand op een positieve manier onder de aandacht komt. Het toont in reële situaties de mogelijkheden van het pand. Het maakt het mogelijk voor potentiële huurders om de winkel met een makelaar te bezoeken terwijl er iets te beleven valt. En dit geeft een totaal andere indruk dan een verlaten pand. Veelal resulteert dit in een snelle doorbraak. We maakten al mee dat panden die meer dan een jaar leegstonden op die manier binnen een week een langetermijnhuurder opleverden.

Veel kansen dus, maar de vastgoedwereld zit in zijn maag met de huidige wetgeving rond handelshuur. In Vlaanderen worden we geconfronteerd met de weinig flexibele '3/6/9'-contracten. Dit betekent dat je per periode van drie jaar gebonden bent aan je pand. Een van de vele beschermende maatregelen voor een handelshuurder.

In het Verenigd Koningrijk is er een andere wetgeving. Daar kijkt men vreemd op als we ons systeem uitleggen. Shorttermleasecontracten zijn daar heel gewoon. In Vlaanderen bestaan er mogelijkheden om de handelshuurovereenkomsten te omzeilen voor tijdelijk gebruik of zogenaamde tijdelijke bezetting van een pand, maar voorlopig staat slechts een minderheid van eigenaars en/of vastgoedkantoren daarvoor open. Later in dit boek komen we daarop terug.

DE
POP

DEEL B

-UP

DEFINITIE

Pop-upstores verschijnen momenteel te pas en te onpas in de media. Alles wat eigenlijk de naam winkel of handel moet krijgen, wordt meteen tot pop-upstore gebombardeerd. We vinden het belangrijk om voordat we echt van start gaan, even heel duidelijk te stellen wat een pop-up nu precies is.

Het Van Dale-woordenboek en Wikipedia hebben het voorlopig enkel over pop-upvensters op je computerscherm. Dringend tijd voor een definitie dus.

Pop-upstores (ook wel *flash retail* genoemd) zijn in de eerste plaats winkels die per definitie tijdelijk zijn. Pop-upstores zijn een tijdelijke conversie van leegstaande panden (of gronden) naar leuke shoppingconcepten. Want naast 'tijdelijk' zijn er een aantal extra kenmerken noodzakelijk om van een heuse pop-up te kunnen spreken: tijdelijk, origineel en gedurfd. Vernieuwende, tijdelijke winkels dus. Dit tijdelijke vernieuwende karakter is meteen ook de reden waarom ze zo populair zijn. Shoppers verwachten iets leuks, iets extra's en dat mag. Het tijdelijke karakter laat speciale concepten toe die op lange termijn niet haalbaar zijn.

Klassieke winkels, etalagewinkels, webshops die tijdelijk offline komen, musea of zelfs jobdagen die in leegstaande panden worden opgezet. Het zijn maar enkele minder bekende voorbeelden van popupretailing. Bij het horen van het woord 'pop-up' denkt menig Vlaming namelijk aan stockverkopen of outlets. Laat dit nu net zijn waar dit boek niet over gaat. We concentreren ons op de vernieuwende, tijdelijke concepten, die de shopper verrassen en waar hij geweest wil zijn.

Een pop-upstore kan dus het best omschreven worden als een tijdelijke winkel die opeens in het straatbeeld verschijnt. Er wordt daarbij gebruikgemaakt van een leegstaand pand of er wordt gewerkt met mobiele units. Men kan ze toepassen in diverse sectoren, zoals bijvoorbeeld kleding, telecom, maar evenzeer in de horeca of zelfs de dienstensector. Ze zijn gebouwd via een origineel, verrassend concept en zorgen er op die manier voor dat de shopper er geweest wil zijn.

Een pop-upwinkel kan de ene dag een exclusieve collectie verkopen en de dag erna een cocktailparty organiseren. Het fenomeen op zich gaat over het plotseling verschijnen en enkele dagen, weken, of maanden later verdwijnen. Vandaar de term uiteraard, *to pop up*.

ONTSTAAN

Pop-upstores zijn eind jaren negentig in Los Angeles (VS) ontstaan. Vacant was de eerste retailer die er gebruik van maakte. In Tokyo had Vacant gezien hoe mensen in de rij stonden om een gelimiteerde collectie van een nicheretailer te kunnen kopen. De winkel was meteen uitverkocht en sloot zijn deuren. Als er weer producten waren, ging de winkel enkele weken later weer open. Dit bracht Vacant op het idee om hun winkel permanent te sluiten wanneer de collectie verkocht was, en daarna te verhuizen. Op een andere locatie, waar hun doelgroep ook aanwezig was, deden ze precies hetzelfde. Niet zonder succes, want in 2003 openden ze een winkel in New York, met Dr. Martens als sponsor. Andere merken volgden snel met hun eigen pop-upconcepten. Kate Spade, Gucci, Louis Vuitton en Colette waren bij de eersten om deze nieuwe distributieformule te volgen.

Bij ons zagen we in het begin vooral zelfstandige winkeliers en jonge starters die gebruikmaakten van de stijgende leegstand en de kans namen om met een nieuw of extra winkelconcept te starten. Maar ook steeds meer grote merken gaan werken met pop-upconcepten.

Pop-up kan dan ook nog moeilijk omschreven worden als een hype. Het is eerder een normaal extra gegeven in de retailwereld aan het worden. Een blijver die inspeelt op de evoluties in de retailsector. Een andere strategie om aan retail te doen, inspelend op de snel veranderende consument. Of een manier om te communiceren met originele en andere middelen dan de klassieke mediakanalen die aan kracht verliezen.

Ook online is er sprake van pop-upretailing, bijvoorbeeld bij tijdelijke verkoop via websites of Facebook (f-commerce), zoals bijvoorbeeld mypopupshop.net. Nieuwe collecties worden op die manier aan de man gebracht. En ook de intekenlijsten van exclusieve merken zijn eigenlijk een soort tijdelijke winkels.

Pop-upstores vallen niet onder de klassieke handelshuurwetgeving met standaard huurperiodes van drie, zes, of negen jaar. Al sinds de opstart van PopItUp in 2012, vernemen we via de Belgische overheid dat er werk gemaakt zal worden van een wettelijk kader, maar voorlopig blijft het wachten op een regeling die tijdelijke huur in België toelaat. We stelden daarom zelf een specifiek contract op dat de huur van pop-upstores regelt. In het VK staat men op dit vlak veel verder, waardoor ook het fenomeen van de pop-upstore verder uitgewerkt is.

Soorten pop-ups

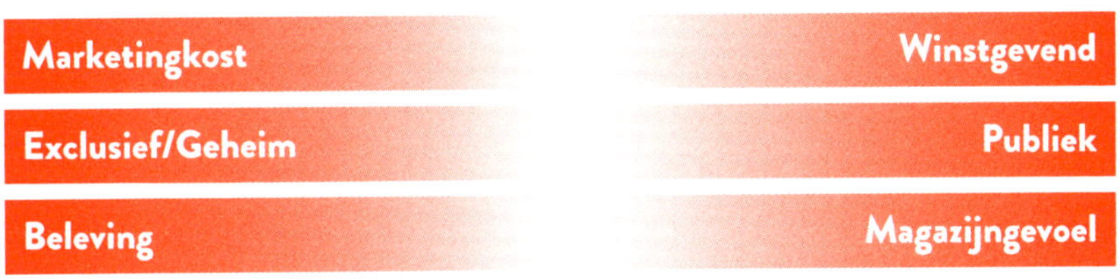

We kunnen pop-upstores indelen in verschillende soorten. Aan de hand van drie assen, krijg je een duidelijk beeld over welke soorten pop-upstores bestaan.

Op een eerste as bekijken we hoe de kost van de pop-up geboekt wordt. Moet de pop-up op zich rendabel zijn of wordt de pop-up gezien als een pure marketingkost? Een tweede as geeft de toegankelijkheid weer. Sommige pop-ups zijn heel exclusief en geheim. Je komt er enkel in op uitnodiging. Andere zijn voor iedereen open. Tot slot kunnen we gaan indelen op vlak van inrichting. Aan de ene kant van dit spectrum vinden we een basisinrichting. Deze vorm wordt veelal gebruikt voor stockverkopen. Aan het andere uiterste vinden we de belevingspop-up. Hier staan het concept en de beleving centraal. Je vindt er unieke inrichtingen terug die de pop-upstore een sterke meerwaarde geven.Uiteraard zijn tal van combinaties tussen de drie assen mogelijk. Zo ontstaat een brede waaier aan soorten pop-upstores.

WAAIER AAN MOGELIJKHEDEN

De mogelijkheden met pop-upconcepten zijn heel uitgebreid. We hebben het achtereenvolgens over de bekende outletpop-upstores en starters die zich via pop-upshops tijdelijk een winkel kunnen veroorloven. Maar er is meer. Veel meer.

Merken creëren een kunstmatige exclusiviteit via tijdelijke winkels of zetten in het seizoen extra verkooppunten in het straatbeeld. Andere retailers gebruiken de pop-upstores als testwinkel, alvorens zich definitief in een bepaalde regio te vestigen. En grote merken zetten de tijdelijke winkel vooral in voor buzz-creatie, het inspelen op trends en om de naambekendheid een boost te geven. Soms zelfs met een *shop-in-shop*-concept. Voor webwinkels is het een ideaal middel om regelmatig tijdelijk in een fysieke winkel dichter bij hun (potentiële) klanten te komen. En tot slot hebben we het straks kort over de mogelijkheden voor dienstenleveranciers. Ook deze bedrijven kunnen gebruik maken van pop-upformules om hun diensten tastbaarder te maken. In wat volgt overlopen we de mogelijkheden in detail.

Outlet of stockverkoop

Spijtig, maar tot op vandaag zijn stockverkopen de meest voorkomende vorm van pop-upstores in Vlaanderen. Vroeger vond je dit soort uitverkopen vooral in fabriekshallen, maar de steeds groeiende leegstand in stads- en shoppingcentra zorgt ervoor dat deze verkopen naar de handelskernen komen. De outletwinkels vullen op die manier leegstaande panden in. De consument ziet ze graag komen, want je vindt er goedkope goederen. Al wijzen studies uit dat dit niet altijd het geval is en dat de perceptie soms bedriegt. Veel originaliteit is er niet aan. De enige reden die je als consument naar dergelijke winkels lokt, is het prijsvoordeel. De opzet van dergelijke winkels is heel basic. Enkele geïmproviseerde tafels en/of rekken volstaan meestal om de deuren te openen. Een amateuristische aanpak van het winkelgebeuren dat het imago van de pop-up er niet beter op gemaakt heeft. Maar gelukkig zijn niet alle pop-ups zo slordig en haastig opgezet.

Starters & creatievelingen

We zien heel veel pop-upstores waar starters zich in vestigen. Al dan niet geholpen door de lokale of hogere overheden, krijgen ze de kans om heel goedkoop met een winkel te starten. Modeontwerpers en startende juwelenontwerpers maken graag gebruik van deze kans. Meestal is de opzet en de inrichting heel sober en minimalistisch. Slechts uitzonderingen overleven echter en kunnen hun zaak verder uitbreiden. De 26-jarige Ellen Kegels is zo'n uitzondering. Ze richtte in 2012 haar *knitwear*-merk LN Knits op. Dit label bevat sjaals en mutsen van LN Beanies en de luxelijn LN Andes. Ellen zet regelmatig pop-upshops op uit pure noodzaak. Maar ze doet het met succes en dat leverde haar bij UNIZO en Markant een nominatie op voor 'de belofte van het jaar'.

Exclusiviteit creëren

Met pop-upconcepten spelen veel retailers in op een tendens die we 'kunstmatig exclusief' kunnen noemen. Shoppers houden ervan om speciaal behandeld te worden. Ze voelen zich graag belangrijk (lees: belangrijker dan de andere consumenten). Het feit dat iets tijdelijk is, maakt het populair. Schaarste doet kopen. En met pop-upstores kun je dergelijke schaarste kunstmatig creëren. Daardoor wordt je product of dienst aantrekkelijker. Op die manier durven grote merken met unieke conceptstores hun klanten te *triggeren* en te *teasen*.

Diesel lanceerde in 2013 in Regent Street een 'Diesel Village'. Enkele blokken verder vond de consument de klassieke Diesel Store, maar in de pop-up was plaats om te experimenteren. Via het juiste concept en aangepaste sfeer lieten ze het Dieselmotto *'For succesful living'* tot leven komen. Het werd een combinatie van mode en kunst, muziek en eten. De twee verdiepingen tellende winkel organiseerde drie maanden lang tal van exclusieve events. De koppeling met sociale media maakte van het geheel een succes en deed de merkwaarde van Diesel spectaculair stijgen.

Ook dichter bij huis vinden we inspiratie. Gert De Mangeleer maakte van de nood een deugd door tijdens de verhuizing van zijn sterrenrestaurant Hertog Jan een tijdelijke pop-upbistro te openen. Met Yellow werd een schitterend pand in hartje Brugge dagelijks volzet door zijn gasten. Van eind februari tot eind mei 2014 kon je er terecht om te genieten van culinaire orgasmes. Wilde je 's avonds langsgaan, dan moest je er echter heel snel bij zijn. De toch wel prijzige tafeltjes waren in geen tijd volgeboekt voor de volledige periode van drie maanden. Over succes gesproken...

Inspelen op trends en hypes

Door de snelheid en flexibiliteit waarmee pop-ups kunnen worden ingezet, zijn ze uiterst geschikt om in te spelen op trends en hypes. Is er een bepaalde trend in jouw sector die de moeite loont om er iets speciaals rond op te zetten, dan kan dat perfect met een pop-up. Dat kan in een leegstaand pand maar evenzeer als een tijdelijk *'shop-in-shop'*-concept. Veritas speelt op die manier in op de breitrend door het aanbieden van workshops in een speciaal hoekje van hun winkels. Het kan ook een idee zijn om daarvoor samen te werken met verschillende partijen. Een leverancier die bijvoorbeeld een tijdelijke actie wil doen in je winkel(s) door een pop-uphoekje te creëren. Je kunt er snel en efficiënt de vruchten van een hype of rage mee plukken.

Seizoenshops – tijdelijke extra winkels

In het buitenland zien we al vele jaren pop-upstores verschijnen met seizoensartikelen. We denken hierbij onder andere aan de *Halloween stores* in de VS, de vele winkeltjes die als paddenstoelen uit de grond schieten tijdens de eindejaarsperiode of de *summer stores* aan diverse stranden.

De meeste van deze seizoenswinkels zijn uniek omdat ze een nicheproduct aanbieden. Ze blijven meestal twee tot drie maanden bestaan. Elk jaar keren ze terug met dezelfde seizoensproducten. Meestal in dezelfde stad, maar op een andere locatie. Het is immers moeilijk, zo niet bijna onmogelijk om elk jaar opnieuw hetzelfde leegstaande pand te kunnen bezetten.

Populair in deze categorie zijn ook de horecapop-ups. Tijdelijke *beachbars*, Valentijnrestaurants of zelfs tijdelijke hotels naar aanleiding van een groot meerdaags event. Let wel op, want dergelijke uitbatingen moeten voldoen aan dezelfde regels als de permanente varianten. Verderop in dit boek lees je daar meer over.

Ook Decathlon opende tijdens de zomer van 2014 een tijdelijke zomerwinkel op de Zeedijk in Oostende. Hun aangepaste assortiment kon meteen uitgetest worden op het nabijgelegen strand. *Experience shopping* ten top!

De tijdelijke shops liggen veelal in de middenklasseregio's. Daar waar veel passage is en waar de modale shopper vertoeft. Ze bieden een diep en ruim assortiment en meestal een hogere kwaliteit dan bij de klassieke winkel. Denk bijvoorbeeld aan het eerder vermelde voorbeeld van chocolade tijdens de eindejaarsfeesten. Een Brugse chocolatier die jaarlijks voor anderhalve maand een extra locatie opent in het centrum van Antwerpen, zal anders gepercipieerd worden dan de klassieke Leonidaswinkel enkele straten verder. Het assortiment van een dergelijke chocoladepop-up zal aangepast zijn aan de kerstperiode. En daardoor als kwaliteitsvoller en unieker ervaren worden.

En net daarom zijn dergelijke stores zo succesvol. Ze brengen een tijdelijk, uniek aanbod naar de consument. De chocolatier heeft er op die manier een extra winkel bij tijdens een van de drukste periodes van het jaar. Een slimme zet? Natuurlijk wel. Als je de belangrijkste omzetmaand van het jaar kunt verdubbelen, ben je heel efficiënt bezig als winkelier.

Testwinkel

Een andere reden om te starten met pop-upretailing is het overwegen van een extra locatie. Je wilt als winkelier een extra locatie en liet je oog vallen op een bepaald pand in een bepaalde stad. Voor je een klassiek handelshuurcontract tekent, kan het interessant zijn om te starten met een tijdelijke pop-up voor enkele maanden.

Investeer in een modulaire inrichting en probeer het uit voordat je je er definitief vestigt. Pas als je tevreden bent, kun je overgaan naar een klassieke handelshuur en dus permanente vestiging. De mogelijkheden zijn er, dus je kunt ze maar beter gebruiken.

Neem nu het in 2014 opgerichte Essence-Cuisine in Gent. Met *Fuel for Life* willen ze mensen overtuigen om rauwe voeding te eten. In een zeer mooi, authentiek pand in Gent brachten ze in mei en juni 2014 deze originele keuken met een verhaal. De ideale test om te zien of een dergelijke formule van gezonde, pure voeding werkt.

Het Nederlandse Suit Supply opende in 2014 zijn eerste winkel in Zuid-Afrika. In afwachting van een permanente winkel willen ze via een pop-upshop in Johannesburg de basis leggen voor een distributienetwerk op het Afrikaanse continent.

Ook grote retailers gebruiken deze techniek. Uniqlo, het Japanse casualmodebedrijf, opende ook eerst een pop-upstore in Melbourne, alvorens zich permanent in Australië te vestigen in april 2014.

Product launches

Pop-upstores hoeven echter niet altijd meteen rendabel te zijn. Soms wordt gekeken naar effecten op lange termijn. Bijvoorbeeld bij het lanceren van nieuwe merken. Een *product launch* gaat klassiek gepaard met uitgebreide, dure mediacampagnes: tv-spotjes aangevuld met affiches, folders, *samplings* en andere reclametools. De ervaring leert ons echter dat je als merk wel heel origineel uit de hoek moet komen om zo nog de aandacht van de consument te krijgen. Die consument wordt dagelijks overspoeld met reclameboodschappen en is daardoor voor een groot stuk immuun geworden.

Een originele manier om nog aandacht te krijgen is via een pop-upstore. We mochten op die manier in 2012 de nieuwe Mercedes Citan-bestelwagen lanceren. In plaats van de doelgroep via *direct mailing* uit te nodigen op een lanceerweekend in de showrooms van de Mercedesdealer, werd een pop-up opgezet in het centrum van de stad. Op zaterdagmiddag en op zondag vertoeft een vakman, samen met vrouw en kinderen, weleens in de stad. Op zoek naar een nieuwe trui, een paar schoenen voor mevrouw of een communieoutfit voor de kinderen. Winkelen is meestal niet de favoriete activiteit van onze vakmannen. Maar wat als er tussen deze winkels een pop-up te vinden is waar hij zich kan vergapen aan het allernieuwste model van een bestelwagen?

We trokken met de nieuwe bestelwagen dus naar de stad, in plaats van de vakman naar de showroom te lokken. Dit bleek een leuke afwisseling te zijn tijdens het shoppen. Eens iets anders dan wachten voor het pashokje. De driedaagse Mercedes-Benz Citan pop-up werd op die manier een succes.

In de pop-upshop kreeg de voorbijganger alle informatie en werd hij verleid om de bestelwagen meteen aan een livetest te onderwerpen. De bestelwagens zelf stonden klaar op een stadspleintje iets verderop. En via een rode loper van de pop-up tot aan de wagens werd de aandacht van menig voorbijganger getrokken. Een grote groep mensen was zich op die manier bewust van het nieuwe Mercedes Citan-model. De behoefte werd gecreëerd via een pop-upstore, terwijl klanten die anders naar de garage komen al een behoefte hebben.

De pop-upstore als promotool dus. Zonder directe verkoop voor ogen, maar om naambekendheid te creëren en de doelgroep warm te maken voor je product. Dezelfde functie in dit geval als een reclamespot of twintig vierkante meter affiche in het centrum van de stad.

Procter & Gamble opende met dezelfde doelstelling een tiendaagse shop in New York waar men passanten liet genieten van gratis kleuringen en haarverzorging via hun producten Clairol en Head&Shoulders. Hun bijbehorende campagne *Have you tried this yet?* liet de merken *tip of tongue* worden. Een geslaagde productlancering.

Webwinkels tijdelijk offline in een fysieke winkel

Een mooi voorbeeld hiervan is de webshop Pablo Nero, die regelmatig weekendverkopen houdt in pop-upstores in Vlaanderen en Nederland. De online verkoper van herenkostuums en hemden komt sporadisch offline, om *in real life* hun (potentiële) klanten te ontmoeten en de pakken te laten passen. Klassiek is de Pablo Nero pop-upstore open van vrijdagmiddag vier uur tot zondagavond zes uur. Daarna is de winkel weer even enkel online te vinden.

Dit fenomeen zorgt telkens opnieuw voor een drukte vanjewelste. Tevreden klanten komen kijken welke nieuwigheden er voorgesteld worden en vrienden van hen, of toevallige passanten, leren via de popupformule de retailer beter kennen. Op zondagmiddag zijn er steevast enkele klanten die door het tijdelijke karakter van de shop toch iets kopen, hoewel ze eerst te kennen gaven van nog 'even te willen nadenken'. Bij een klassieke retailer heb je in zo'n geval te maken met een neenverkoop, maar met de pop-upstore overtuig je dergelijke twijfelaars om toch de koop niet uit te stellen. Intussen heeft Pablo Nero, na een succesvolle test, een van hun pop-uplocaties in Vlaanderen omgevormd tot permanente winkel.

Coolblue, de online retailer, merkt trouwens duidelijk een verschil in die regio's waar het merk ook een fysieke winkel heeft. Mensen voelen zich op die manier zekerder om online te kopen. Want wat als er iets misgaat? Het feit dat je regelmatig via pop-upstores fysiek bereikbaar bent als winkelier is voor veel klanten belangrijk. Dit overtuigt hen om bij jouw online shop te kopen. De fysieke winkel heeft in dit geval niet meteen een verkoopfunctie, maar eerder een servicefunctie. De winkel als servicepunt waar je eigenlijk vooral promotie maakt voor je online shop.

Diensten

Het ligt misschien minder voor de hand, maar ook dienstenbedrijven kunnen succesvol pop-ups inschakelen in hun marketingstrategie.

Hoe kun je als startend interieurarchitect naambekendheid creëren? Voor een lokale creatieve starter werkten we een aantal maanden geleden een model uit. Door zich daar te gaan vestigen waar zich kansen voordoen, kan hij zich telkens opnieuw creatief bewijzen. Een leegstaand pand in Kortrijk-centrum? En zes maanden later een kans in Waregem? Via een modulaire inrichting en de nodige creativiteit kan deze starter heel wat gratis persaandacht halen. En ook passanten merken zijn werk op. Meer nog, ze zien hem ook werken in zijn 'etalage'. Dat trekt aan. En, mits samenwerking met andere starters, kunstenaars en horeca, organiseert men regelmatig *afterworkdrinks* voor klanten en sympathisanten. Het is wel iets meer rompslomp, maar de tijd die daarin kruipt is meteen ook de reclamecampagne om in eigen streek en werkgebied snel aan bekendheid te winnen.

Een ander voorbeeld is een alternatieve jobdag. Veel bedrijven hebben al een tijdje moeite om geschikt en gemotiveerd personeel te vinden. Sinds enkele tientallen jaren worden om dit op te lossen jobdagen georganiseerd, maar de laatste jaren valt de opkomst tegen. Vandaar het idee om dergelijke jobdagen anders te gaan invullen. In plaats van de potentiële werknemers naar de fabriek uit te nodigen, trok een multinational naar de mensen zelf. In het shoppingcenter, waar mensen na de werkuren en in het weekend vertoeven. Je merkt de gelijkenis met de lancering van de Mercedes Citan-bestelwagen. Ook daar werd met het pop-upconcept gegaan naar die plaats waar de potentiële klanten zijn. Bij personeelszoektochten kun je dit net zo efficiënt opzetten.

En er is meer. Inzamelacties voor goede doelen bijvoorbeeld, zoals de *Fashion for relief* pop-up die Naomi Campbell opende in Westfield Shopping Centre in Londen. Ze zamelde geld in voor slachtoffers van de aardbeving in Haïti door gedoneerde artikelen van zichzelf en andere wereldsterren te verkopen. Maar pop-ups kunnen ook dienen om sensibiliseringsacties op te zetten. Informatiesessies voor gezondheidspreventie. Alles kan perfect door creatief gebruik te maken van leegstaande panden. En daar professioneel mee om te gaan uiteraard.

Buurten laten opleven

Pop-ups worden vaak ingezet om verloederde buurten nieuw leven in te blazen. Meestal heeft dit echter slechts een tijdelijk effect, want met tijdelijke winkels alleen kom je er niet. Zodra die hippe, leuke winkels verdwijnen, is meestal ook de sfeer weg uit de buurt. Maar als je de essentie van de buurt hebt aangepakt en daarna via pop-ups mensen wenst aan te trekken om ze de vernieuwing te laten voelen, heb je wel kans op slagen. Waak er echter over dat je dergelijke campagnes in de juiste volgorde uitvoert. Zorg eerst voor de vernieuwing van de buurt. Zorg voor blijvende conceptverandering en gebruik daarna pas het pop-upconcept met tijdelijke winkels of horeca als communicatietool of als onderdeel in de totale aanpak.

Online pop-upstores

Voor veel van de bovenstaande mogelijkheden hoef je niet noodzakelijk te denken aan een fysieke, tijdelijke winkel. Ook online pop-upshops bestaan en kunnen een uitstekend middel zijn binnen je marketingstrategie.

Het tijdelijk opzetten van een online webshop kan, net als een fysieke pop-up, een goede manier zijn om iets (kunstmatig) exclusief te maken, een nieuw product te lanceren of een bepaald concept uit te testen.

Daarnaast kun je fysieke en online pop-ups met elkaar integreren. Zo kun je door gebruik te maken van etalages of muren zogenaamde *shoppingwalls* opzetten. Zo maak je de etalage of muur interactief, waardoor passanten op je online shop kunnen bestellen.

Supermarktketen Tesco bouwde al dergelijke tijdelijke shoppingwalls in metrostations. De *wall* zag eruit als een winkelrek. Via een app op de smartphone kon je de producten die je nodig had inscannen en zo je bestelling doorsturen. In de modewereld maakt Kate Spade gebruik van interactieve pop-upetalages. Een etalage werd voor 24 uur interactief gemaakt en fungeerde tijdelijk als *touchscreen*. Via deze toepassing kon je de producten in de etalage bestellen en werden ze binnen het uur bij je thuis geleverd. Ook Vera Moda maakte al gebruik van dergelijke tijdelijke online pop-ups. In een fysieke pop-up in Denemarken werden geen producten in de winkel geplaatst. In plaats daarvan projecteerden ze foto's van hun collectie op de wanden, samen met een QR-code. Via een QR-reader ontving je meer informatie over het artikel en kon je het meteen online bestellen. Of je kon gebruikmaken van de computers die centraal in de pop-up aanwezig waren om je bestelling te plaatsen.

VOORDELEN VOOR VERSCHILLENDE PARTIJEN

De mogelijkheden met pop-upstores zijn enorm. Ze schieten dan ook als paddenstoelen uit de grond. De groeiende leegstand is mooi meegenomen. Maar niet enkel voor de retailer zijn er voordelen aan deze tijdelijke formules. Ook consumenten en pandeigenaars kunnen er wel bij varen. Pop-upretail blijkt al meermaals een win-winsituatie te hebben gecreëerd.

Eigenaar

Een eigenaar stond vroeger heel sceptisch tegenover het tijdelijke gebruik van zijn pand. Het idee van 'het gaat me meer moeite kosten dan het opbrengt' is, zeker in Vlaanderen, soms nogal sterk aanwezig. We hebben eigenaars gehad die zelfs letterlijk vroegen: 'Dan gaan vreemde mensen het toilet gebruiken?' Dat kon blijkbaar niet voor een korte periode...

Meer en meer eigenaars nemen de laatste jaren echter zelf contact met ons op. Officieel hebben ze het niet nodig, maar ze willen toch eens polsen hoe een pop-up in zijn werk gaat. We spreken hier vooral over panden met een mindere (B- of C-)ligging, maar het komt steeds meer voor dat ook panden met een A- of zelfs *triple* A-ligging beschikbaar worden gesteld.

De reden waarom eigenaars hun pand ter beschikking stellen is simpel. Ze willen liever een klant voor korte termijn dan helemaal geen klant.

De strategie die ze toepassen om hun pand beschikbaar te stellen verschilt van eigenaar tot eigenaar. Een eerste groep probeert er direct financieel profijt uit te halen. Deze tactiek is te vergelijken met de seizoensverhuur van bemeubelde appartementen aan de kust. Op lange termijn geniet je een normaal huurtarief van bijvoorbeeld achthonderd euro per maand. Wil je het appartement echter voor minder dan twee maanden huren, dan stijgt de prijs naar 1.700 euro per maand. Zo denken sommige eigenaars van winkelpanden ook. Bij triple A-liggingen kun je hen geen ongelijk geven, want de vraag naar goede panden is nog steeds groot. Al moeten ze over enkele maanden of jaren wellicht toch hun tactiek aanpassen, want de leegstand in steden wordt steeds groter.

Er zijn echter ook eigenaars te vinden die een andere tactiek toepassen. Ze vragen een tegemoetkoming voor de terbeschikkingstelling die lager ligt dan de klassieke huurprijs. En gaan er zo van uit dat ze iemand de kans geven om iets op te starten in hun pand. Ze hopen dat de winkel na de pop-upperiode blijft. En ze omzeilen op die manier de belasting op leegstand die in veel steden geheven wordt. Mooi meegenomen dus, zo'n tijdelijke pop-upformule.

Naast de financiële voordelen detecteren we nog een aantal andere voordelen voor eigenaars die pop-ups faciliteren.

Door pop-ups toe te laten in hun pand, laten ze de mogelijkheden van hun pand op een andere manier zien. Een goede pop-up verrast en trekt shoppers aan. Een goede pop-up maakt ook ten volle gebruik van het pand dat ter beschikking wordt gesteld en laat het zo goed mogelijk tot zijn recht komen. Een potentiële langetermijnhuurder krijgt een totaal andere indruk van het pand tijdens een pop-up. Hij hoeft zijn verbeelding niet zo sterk te laten werken, en dat werkt veel krachtiger dan om het even welk verkoopargument van de makelaar. De potentiële langetermijnhuurder ziet met eigen ogen hoe het pand ingevuld kan worden, hoeveel mensen er over de vloer komen, mits een leuke opzet en dito concept. We kunnen dus stellen dat het faciliteren van pop-ups als eigenaar een soort communicatieactie kan zijn met het oog op verhuur voor een lange termijn.

Onderschat de meerwaarde niet van het feit dat iemand het pand gebruikt en onderhoudt tijdens de officiële leegstand. Het pand verwarmen en schoonmaken op regelmatige basis is een must om verloedering tegen te gaan. Veel pop-ups nemen het pand ook onder handen en geven het een likje verf of voeren enkele kleine opsmukwerken uit om zo een meerwaarde te krijgen. De eigenaar krijgt in dit geval, na de pop-up, een mooier pand terug.

En ook de buurt zal het waarderen. Jouw leegstaande pand in een drukke winkelstraat is niet aantrekkelijk voor de andere handelszaken. Door tijdelijke winkels op te zetten, blijft de buurt aantrekkelijk en dat zullen je buren appreciëren. Er worden door de tijdelijke concepten zelfs nieuwe potentiële klanten aangetrokken die zo misschien ook bij hen gaan shoppen. De pop-up zorgt voor extra passage waar ook de andere handelaars van kunnen meegenieten.

Denk als eigenaar trouwens niet enkel aan leegstaande panden. Ook braakliggende terreinen op goede locaties kunnen dienst doen als pop-uplocatie. En ook daar kun je voordeel uit halen in afwachting van een gepland (vastgoed)project. De voordelen blijven ook hier gelden.

Veel kansen en voordelen dus, maar uiteraard moeten voor dit alles goede afspraken worden gemaakt. Daar hebben we het in het volgende deel over.

De winkelier of het merk

Voor de winkelier of het merk liggen de voordelen van het gebruik van pop-uplocaties voor de hand. Door de specifieke tijdelijke aanpak kan hij eerst en vooral snel en eenvoudig schakelen. Hij is namelijk niet gebonden aan een vast handelshuurcontract, wat veel kansen biedt. Hij kan daardoor snel pop-upstores openen en die ook snel weer sluiten.

Financieel interessant

'Zijn dergelijke tijdelijke winkels niet duur?' krijgen we veelal de vraag. Inderdaad. Een pop-upstore is per definitie niet goedkoop. Maar hem als strategisch instrument inzetten als communicatiemiddel is doordacht. Je investeert eenmalig in een modulaire inrichting, een inrichting die je kunt hergebruiken in diverse panden en kunt opstellen naargelang de oppervlakte. Zie het als investering in andere communicatietools dan advertenties, brochures of beursdeelnames. Ook dergelijke acties kosten handenvol geld en zijn zelden zo strategisch gepland, noch zo efficiënt.

Door deze aanpak is het voor sommige winkeliers ook mogelijk om, weliswaar voor korte tijd, een winkel te hebben op plaatsen waar een klassieke winkel niet betaalbaar is. Denk aan het kinderschoenenwinkeltje waar we het al eerder over hadden. Nu heeft de winkelierster enkel nog een webshop, maar op de belangrijke momenten van het jaar opent ze een pop-upstore in de nabijgelegen stad. De locatie is per maand veel duurder dan het vroegere winkeltje, maar doordat ze het slechts enkele maanden per jaar gebruikt, komt de totale jaarlijkse huurprijs ongeveer overeen met die van de vroegere klassieke winkel. Het positieve is echter dat er veel meer verkoop is dan vroeger, gezien de veel betere ligging.

Dichter bij je doelgroep

Via pop-ups kun je ook gemakkelijk daar aanwezig zijn waar je doelpubliek is. Klassiek voorbeeld is de kust. In de wintermaanden is het er heel kalm, maar tijdens de voorjaarsvakanties en vooral tijdens de zomermaanden kun je er over de koppen lopen. Dan wil je daar op dat moment als retailer natuurlijk ook zijn. Of je kunt, gezien de drukte, extra servicepunten openen, zodat mensen beter bediend worden, ook tijdens de drukke maanden.

Opvallen

Via leuke, originele pop-ups kun je als merk beleving bieden. Je kunt ervoor zorgen dat mensen over je spreken. Indien goed aangepakt, haal je meer mediareturn dan via klassieke campagnes. Spraakmakende pop-ups zijn plaatsen waar shoppers geweest moeten zijn. En ze zullen er trots op zijn dat zij (en niet hun vrienden) wel binnengeraakt zijn in het tijdelijke concept. En er gegarandeerd over praten. En dat is toch wat je wilt voor je merk of zaak?

Veel merken maken gebruik van internationale sportevents om op te vallen. Denk aan de wereldbeker voetbal, tennis op Roland Garros of Wimbledon of de Tour de France. De afgelopen jaren zien we dat dit steeds meer gebeurt in combinatie met een leuke conceptpop-upstore. Neem nu Nike bijvoorbeeld. Naar aanleiding van de World Cup opende het in Copacabana (Brazilië) een tijdelijke winkel die volledig gewijd was aan voetbal. De drie verdiepingen tellende winkel bood een grote collectie van shirts en andere voetbaluitrusting, waarmee het merk opviel en zijn toewijding aan de sport bewees. Bata opende naar aanleiding van Wimbledon een kleine shop in Selfridges (vijftien vierkante meter) en trok zo de aandacht op het 120-jarige bestaan van het merk. Niet enkel lokaal, maar internationaal werd op die manier aandacht gecreëerd.

Ook Starbucks wist via pop-upconcepten al op te vallen. In 2012 openden ze een *skithrough* koffieshop. Een heel origineel pop-upconcept. Op en rond Squaw Valley (een skigebied in de buurt van California) konden skiërs en snowboarders genieten van hun Starbuckskoffie tijdens het skiën. De service was beschikbaar tussen negen en vier uur, zolang de weersomstandigheden het toelieten uiteraard. Een groot aantal *mentions* op sociale media en dito persartikels deden de waarde van deze actie snel stijgen.

Consument

Maar ook voor de consument zijn tijdelijke leuke concepten een aangename verademing tijdens het shoppen. De winkelstraten en shoppingcentra lijken steeds meer op elkaar. Door het ontdekken van een creatieve tijdelijke pop-up word je verrast. Er is weer iets te beleven in de soms saaie winkelstraat. Je ontdekt iets nieuws dat *worth sharing* is. En dat laatste is niet onbelangrijk om te blijven scoren binnen je vriendengroep. Je drang als prikkeljunkie wordt gestild door deze vernieuwende unieke, soms exclusieve concepten. En het feit dat jij er geweest bent terwijl het nog open was en je vrienden niet, maakt je blij.

Stad

Steden gebruiken pop-ups vaak als aantrekkingspool. Vroeger, en nog altijd, werden schaatspistes, kerstmarkten of andere kermissen opgezet om mensen naar het centrum te lokken. Maar ook het faciliteren van pop-upstores is een mogelijkheid. Ga echter uit van realistische verwachtingen. Zoals eerder gesteld zal pop-up geen oplossing zijn om totaal verloederde buurten te doen opleven. Tijdelijk kan dit wel effect hebben, maar om op lange termijn dergelijke problemen op te lossen heb je een goede basis nodig. Een leegstand pand in een voor het overige nog heel drukke winkelstraat tijdelijk opvullen met een pop-up is een goede strategie. Maar een straat waar bijna geen enkele winkel meer aanwezig is doen opleven via pop-upstores zal slechts een tijdelijk effect hebben.

Het beleid dat een stad voert, ook inzake pop-ups, heeft echter zeker een invloed op het imago van de stad als handelsbuurt. Waar zal een retailer zich eerder vestigen? Toch in een stad met een goed stedelijk winkelbeleid. Een stad die een visie en strategie heeft om zijn winkelgebieden levend te houden. Sommige steden geven dan ook subsidies aan pop-upstores die aan bepaalde voorwaarden voldoen. Een pop-up kan dus zeker gezien worden als een tool binnen de citymarketing van een stad of gemeente. Maar waak erover dat de tool op de juiste manier wordt ingezet.

HOE
CONC
START

DEEL C

REET

EN?

Een pop-up inschakelen als marketingtool is een leuk idee. Het is echter sneller gezegd dan gedaan. Ideeën zijn er waarschijnlijk genoeg, maar hoe begin je eraan? Welke stappen dien je te nemen en wat mag je zeker niet over het hoofd zien? Een pop-upshop opzetten moet bovendien meestal snel gaan. En dan vliegen al gauw de leuke extra's van je concept overboord om toch nog de deadline te kunnen halen. Er zijn ook weinig of geen ervaringsdeskundigen die je kunt inschakelen om je te helpen.

Reden genoeg dus om een hoofdstuk te wijden aan het stappenplan dat een pop-upretailer dient te doorlopen. Waarmee start je? Wat mag je zeker niet vergeten en waar leg je de accenten? Waar besteed je het beste tijd en geld aan zodat je er in een later stadium de vruchten van plukt? En hoe zorg je ervoor dat shoppers hun weg vinden naar je pop-ups? We doorlopen in dit hoofdstuk alle nodige stappen die je het best neemt bij het inzetten van pop-ups binnen je bedrijfsstrategie. En we eindigen straks met een handige checklist.

STRATEGIE EN CONCEPT

We hadden het uitgebreid over de mogelijkheden in het vorige hoofdstuk. Intussen moet duidelijk zijn dat het succes van een pop-up staat of valt met de strategie en het concept dat erachter steekt. Pop-upstores zijn in principe niets meer dan gewone winkels die tijdelijk zijn. Ze verschijnen plotseling en zijn soms even snel weer weg. Vaak worden ze opgezet als reclamestunt, maar meer en meer ook uit strategische overwegingen. Retailers willen een nieuwe locatie via de pop-upformat eerst testen voor ze er zich definitief vestigen. Merken willen snel naambekendheid opbouwen of op een originele manier een nieuwe collectie in de spotlights zetten. Via pop-ups kun je heel gemakkelijk iets exclusief maken. En op die manier heel populair. Als online retailer kun je regelmatig in een '*brick-and-mortar*'-winkel te vinden zijn om het contact met je klanten ook fysiek te realiseren. Een voor een strategische overwegingen die een pop-upformule succesvol kunnen maken.

Welke reden je ook hebt om een pop-up te starten, pop-ups moeten doordacht worden ingezet. En dat is meteen ook de eerste stap bij het creëren van een goede pop-up. Zorg dat het tijdelijke concept perfect gekaderd wordt binnen je businessplan. Gaat het om een reclamestunt, kader het geheel dan in je algemene communicatiestrategie.

Vraag je dus vooraf heel goed af waarom je een pop-up wilt opzetten. Heb je onvoldoende middelen om een permanente winkel op te zetten en wil je eens proberen in een goedkope pop-up in het verlaten stadsgedeelte? Denk dan tweemaal na en vraag je af of dit wel de juiste manier is. Ben je webretailer en wens je het contact met je klanten uit te breiden? Dan kan het regelmatig opzetten van een pop-up een heel strategische keuze zijn. Ook pop-upshops in een bepaald seizoen kunnen als extra verkooppunten strategisch een sterke zet zijn.

Dergelijke goed onderbouwde beslissingen worden niet ad hoc genomen. Als je die weg inslaat met je merk of bedrijf, zul je er waarschijnlijk enkele jaren voor blijven gaan. Je zult investeren in herbruikbaar materiaal voor je pop-ups en zorgen dat het geheel van je zaak er baat bij heeft. Als je zeker bent van je strategische keuze om met een pop-up te werken en je hebt een goed concept voor ogen, geven we graag nog een tip voor we de praktische kant verder uitwerken. Noem het vooral geen pop-upstore. Het woord werd in Vlaanderen en Nederland de afgelopen jaren zo misbruikt, dat consumenten het vaak associëren met iets van mindere kwaliteit. En dat is waarschijnlijk niet het doel van je opzet.

Een goede strategie met bijbehorend concept moet vertrekken vanuit je doelgroepen. Zet de shopper centraal en vraag je een aantal zaken af.

Welke vragen moeten gesteld worden voordat je verdergaat?

- Wie is mijn doelgroep?
- Wat zijn hun behoeften?
- Hoe en waar kun je hen bereiken?
- Wat wil je met je pop-up bereiken? Wat is het doel?
- Welke producten wil je verkopen? Of wil je enkel etaleren en heb je geen (directe) verkoopobjectieven voor ogen?
- Hoeveel budget is er beschikbaar? Wordt een stuk van het reclamebudget gebruikt?
- Hoeveel omzet wens je te realiseren?
- Wil je dat de pop-up geld opbrengt of zie je het als een investering in communicatie?
- Waarom zou iemand naar jouw pop-up komen? Hoe vindt hij de weg naar je tijdelijke winkel? Hoe ga je hem lokken? Hoe ga je duidelijk maken dat je er bent?

Door op deze vragen een duidelijk antwoord te formuleren, zul je een heldere kijk krijgen op de shopper en de strategische overwegingen die je moet maken.

Welke je doelstellingen ook zijn, zorg er in elk geval voor dat ze op een of andere manier meetbaar zijn. Zo kun je achteraf evalueren of je pop-up succesvol was. Ben je bijvoorbeeld binnen je vooropgestelde budget gebleven? Bereikte je de gehoopte naambekendheid? Steeg je online verkoop naar wens door je pop-up? Kreeg je voldoende bezoekers over de vloer om op deze locatie een permanente winkel te overwegen?

Eens je strategie vastligt, kun je overgaan naar je concept. Hoe kun je ervoor zorgen dat de shoppers en consumenten verleid worden door je opzet? Daarvoor zul je het geheel uniek en apart moeten maken. Je shoppers moeten zich heel speciaal voelen in je tijdelijke omgeving. Alsof ze een geheime plaats ontdekt hebben. Durf te investeren in deze vorm van retail en zoek nieuwe grenzen op.

Weet dat in een tijdelijk concept veel meer kan dan in een permanente opzet. Mensen verwachten er veel van. Durf dan ook te verrassen en tegen de schenen te schoppen. Vermijd het alledaagse.

Een mooi voorbeeld zagen we in 2014 bij het tv-format Mijn Pop-up Restaurant van televisiezender VTM. In dit programma kregen een aantal jonge enthousiaste mensen de kans om hun (kook)talenten te bewijzen in een tijdelijk restaurant in het centrum van een Vlaamse stad. Slechts weinigen slaagden erin om een mooi concept uit te werken. Dit bleek trouwens voor de meesten een heel moeilijke opdracht. De uiteindelijke winnaar, Sticks & Stones in Brussel, had goed begrepen wat je met een pop-up kunt en moet doen. Ze gingen voor een eenvoudig maar gedurfd concept door alle gerechtjes op stokjes of op steentjes aan te bieden. Een permanent restaurant kan zich een dergelijke opzet niet permitteren. Maar in een tijdelijk pop-uprestaurant kan het voor een aantal maanden de mensen boeien.

Pas als alles goed gekaderd is en je een origineel, gedurfd concept hebt uitgewerkt, kun je verder met je opzet. De volgende stap is het zoeken van een locatie.

OP ZOEK NAAR EEN GOEDE LOCATIE

Een geschikte en goede locatie vinden is belangrijk. Uit ervaring weten we dat dit voor veel ondernemers de eerste stap is. Een locatie zoeken is echter niet het allerbelangrijkste. De vorige stap is zoveel belangrijker. Het leert je onder andere naar welk soort pand of naar welk event je op zoek moet. Wie is je doelgroep? Waar vind je die? Wat wil je bereiken met je pop-up? Welke ruimte heb je nodig? Hoe groot moet je pand idealiter zijn? Welke nutsvoorzieningen zijn essentieel en welke mooi meegenomen? Zoek je in het centrum van de stad? Komt een shoppingcenter in aanmerking? Of is het beter om een baanwinkel te zoeken? Is een shop-in-shop-pop-up iets voor jou? Of wil je liever opduiken op enkele events? Of nog, zou een verplaatsbaar geheel handig zijn? Daarbij denken we bijvoorbeeld aan rondtrekkende shops in een container, caravan of ingerichte (retro) bestelwagen.

Het zoeken van een locatie kan een lastige klus worden. Er staan heel veel panden leeg, maar goede locaties zijn nog steeds moeilijk te vinden. In die zin moet je de leegstandcijfers met een korrel zout durven te nemen. Er is inderdaad heel veel leegstand en die blijft groeien. Maar de leegstand bij toplocaties blijft heel laag. Op dergelijke locaties zul je bovendien de eigenaar extra moeten overtuigen. In eerste instantie zal die eigenaar vooral problemen zien bij het tijdelijke gebruik van zijn pand. En hij zal waarschijnlijk weinig sympathie hebben voor iemand die in zijn ogen wenst te profiteren van zijn ongelukkige situatie. Je zult dus met sterke argumenten moeten komen om hem te overtuigen. Welke voordelen zijn er voor hem aan verbonden? Hoe ga je ervoor zorgen dat zijn risico's worden afgedekt? Die punten zul je heel duidelijk naar voren moeten schuiven tijdens de onderhandelingen.

Voordat je op pad gaat, moet je een aantal vragen stellen. Waar ga je zoeken? In welke regio of stad wens je te poppen? En in welke zone van die stad? Elke zomer opnieuw krijgen we tientallen telefoontjes met de vraag om een locatie te zoeken in Knokke. We begrijpen dat veel mensen enthousiast zijn over deze stad, maar misschien zijn er andere kansen die nog veel beter zijn voor jouw concept. Standaard uitgaan van een bepaalde locatie is meestal niet zo doordacht. Kijk naar je doelgroep, kijk naar je aanbod en onderzoek op deze basis welke steden of stadskwartieren in aanmerking komen.

Daarnaast zul je snel ontdekken dat er verschillende types van locaties zijn. De keuze die je dient te maken zal sterk afhankelijk zijn van de trends binnen jouw doelgroepen.

Meestal wordt geopteerd voor klassieke winkelpanden. Die liggen in de commerciële buurten van de stad en genieten veel passage. Maar ook zogenaamde klassieke baanwinkels kunnen in aanmerking komen. Daar geniet je eveneens van veel passage, zij het meestal van auto's en mensen die gepland komen shoppen naar een van de collega-retailers. Vooral in België zijn dergelijke shoppingboulevards heel populair.

Je kunt ook opteren voor een ruimte in een shoppingcenter. Veel shoppingmalls zijn fan van pop-upstores omdat het de *traffic* naar hun shoppingcenter tijdelijk vergroot. Zeker in de kalme zomermaanden zul je relatief gemakkelijk een pand vinden binnen dergelijke centra. Het nadeel van dit soort locaties is dat je meestal te maken krijgt met grote standaardruimtes die veel aankleding nodig hebben. Je bevindt je met je pop-up ook te midden van de grotere, internationale retailers. Vraag je dus af of dat is wat je wilt met je opzet.

Overweeg ook nieuwbouwprojecten. De lage landen worden stilaan volgebouwd en her en der vind je projecten in opbouw. Projecten die nog nooit 'bezet' zijn geweest en die wachten op de huurder die de juiste (lees: hoge) prijs wil betalen. Door de recessie blijven sommige van dergelijke nieuwbouwprojecten echter langer leegstaan dan de projectontwikkelaar voor ogen had. Afhankelijk van de locatie en jouw idee voor je pop-up kan dit een goede keuze zijn. Let wel: sommige van deze nieuwbouwprojecten beschikken nog niet over alle nutsvoorzieningen. Ook de afwerking in de panden ontbreekt soms nog. Voor een van onze klanten boekten we een dergelijk nieuw pand. Er was nog geen vloerbekleding, noch elektriciteit, verwarming of water. We moesten dus naast een tijdelijke vloer ook elektriciteit voorzien via een gehuurde stroomgenerator. Goed te regelen, maar wel iets lastiger.

In afwachting van een vergunning of financiële middelen voor een nieuw project kun je soms ook gebruikmaken van een oud pand dat afgebroken zal worden. Of van een braakliggend stuk grond. Op dergelijke locaties kun je gemakkelijk een win-winsituatie vinden. De eigenaar krijgt in afwachting onverwachte extra inkomsten en je kunt zelf relatief goedkoop een pop-uplocatie versieren. Bij braakliggende terreinen moet je natuurlijk wel investeren in een mobiele unit. Een ingerichte oude zeecontainer bijvoorbeeld. Zo'n unit kun je in principe om het even waar neerplanten en vooraf volledig op maat laten bouwen en inrichten. Leuk om op heel regelmatige basis op verschillende locaties mee op te duiken. Houd wel rekening met de meestal hoge transportkosten bij dergelijke opzet en de nodige toestemming die je zult moeten zien te krijgen om de container te mogen plaatsen. In de kern van het handelscentrum zijn dergelijke units meestal uitgesloten. Je zult er bij de meeste steden geen toestemming voor krijgen.

Tot slot kun je ook evenementen overwegen als type locatie. Richt je merk zich vooral op jongeren, dan kun je zeker een pop-up op of nabij een zomerfestival overwegen. Idem met andere doelgroepen uiteraard. Zoek uit waar je doelgroepen te vinden zijn en overweeg een samenwerking met een event dat zich tot dezelfde groep mensen richt. Lidl zette in juli 2014 in die zin een pop-upsupermarkt op vlak naast de camping van het internationale muziekfestival Tomorrowland. Op die manier gingen ze met hun winkels naar die plaats waar er een behoefte bestond. Het spreekt voor zich dat de retailer achteraf tevreden was met zijn investering.

Het kan nog eenvoudiger. Je kunt ook perfect een pop-up organiseren als een shop-in-shopconcept en je op die manier koppelen aan een bestaande winkel. Maak daarvoor in eerste instantie een lijst met winkels die complementair zijn met jouw aanbod en overweeg een samenwerking. Harrods en Selfridges hebben permanent tijdelijke shop-in-shop-pop-ups in hun winkels. Maar ook kleinere retailers staan open voor tijdelijke samenwerkingen. Het trekt extra shoppers over de vloer, zorgt voor afwisseling en creëert op deze manier een win-winsituatie voor alle deelnemende partijen.

Het zoeken naar een pand kan een lange lijdensweg worden en vergt vooral veel tijd. Gelukkig kun je tegenwoordig terecht bij een aantal bedrijven die je helpen bij je zoektocht. De panden die aangeboden worden op zogenaamde pop-upplatforms, zoals bijvoorbeeld Spacified, zijn meestal niet zo hoogstaand. Ze hebben geen topligging en ook de staat van de panden laat soms te wensen over. Maar als je in dit aanbod een geschikt pand treft, ben je relatief snel en goedkoop bediend.

Een andere mogelijkheid bestaat in het contact leggen met een stad of handelsvereniging. In sommige (grotere) steden bestaan er lijsten van alle leegstaande handelspanden. Soms gaan de steden of handelsbonden nog verder en onderhandelen ze zelf met de eigenaar van het leegstaande pand. Ook dit kan zeer handig en goedkoop zijn, maar ook hier gaat het spijtig genoeg meestal niet om locaties met een topligging.

Er zijn ook bedrijven die je tegen betaling helpen. Ze vragen een zogenaamde zoek-*fee* en zoeken voor een vast bedrag per pand naar een geschikte locatie op maat voor jouw pop-up. Ze vertrekken vanuit je strategie en doelgroep, stellen op die basis een lijst samen van behoeften en wensen en gaan daarmee op zoek naar geschikte matches. Ze spreken hun contacten aan, onderhandelen de deal met de eigenaar en nemen je dus een groot stuk werk uit handen. Door hun uitgebreide netwerk slagen ze er soms ook in om unieke, goede locaties tijdelijk vrij te krijgen voor leuke en originele pop-upconcepten. Deze manier van werken kost wat centen, maar als je niet meteen zelf iets gevonden hebt dat aan je criteria voldoet, is het zeker een te overwegen optie.

Screening van de eerste panden

Laten we er even van uitgaan dat je intussen een *longlist* hebt van panden die in aanmerking komen voor je tijdelijke winkel. Hoe kun je die panden nu het beste beoordelen en vergelijken?

Je moet in eerste instantie vooral door de huidige staat van het pand heen kunnen kijken. Probeer te visualiseren wat je ervan kunt maken. Vooraleer je zinnen te zetten op een bepaald pand, moet je ook zeker de regelgeving bekijken. Wat mag wel en niet in het pand, waarvoor zijn er toelatingen? Aan welke lokale reglementen dien je je te houden? Niet overal mag je bijvoorbeeld zomaar eten of drank verkopen of gratis aanbieden.

Een andere belangrijke overweging die je dient te maken betreft noodzakelijkheden. Stel een lijst op van zaken die je absoluut nodig hebt en daarnaast een lijst van wensen. Ken dus op voorhand je *needs and wants* heel goed. Dat helpt je sneller te beslissen. Een belangrijk punt hier is elektriciteit. Onderzoek goed wat je nodig hebt voor je plannen en check of de beschikbare meterkast zwaar genoeg is om dat te dragen. Heb je verwarming nodig? Internettoegang? Zijn er bepaalde elementen noodzakelijk, zoals bijvoorbeeld een bar of een keuken? Moet er parkeermogelijkheid zijn voor de deur? Heb je behoefte aan opslagruimte? Moet er een extra brede toegang zijn voor leveringen? En tot slot, is de locatie zo goed als gebruiksklaar of moet je haar nog volledig aankleden?

Voor je het contract ondertekent, moet je nog rekening houden met een aantal kritische factoren. Denk terug aan je strategie en je klantenanalyse. Zijn je doelgroepen hier voldoende aanwezig in de buurt? Zo niet, kunnen ze hier makkelijk komen? En vooral: kijk ook eens rond in de buurt. Welke winkels zie je, welke cafés en restaurants? Zijn het complementaire handelaars? Sla eens een babbeltje met mensen uit de buurt. Het zal je snel veel wijzer maken over de lokale situatie en mogelijke problemen die je kunt verwachten.

Ga zeker niet over een nacht ijs en onderzoek grondig welk pand voor jouw opzet het meest geschikt is. Ga niet voor een *quick win* maar steek voldoende energie in deze zoektocht. In een later stadium zal het je pop-up kraken of maken.

DE INRICHTING

Een winkel ontwerpen die maar een paar dagen of weken open zal zijn, is niet zo eenvoudig. Het is niet moeilijk om verloren te lopen in tal van praktische beslommeringen. En toch is het design van tijdelijke winkels heel belangrijk. Belangrijk genoeg om ook daar voldoende tijd en geld in te investeren.

Typisch voor pop-upinrichtingen is dat je ze snel moet kunnen opzetten. Het geheel moet gemakkelijk te installeren zijn en eventueel herbruikbaar op een andere tijdelijke locatie. Bovendien moet het betaalbaar blijven en toch origineel en aantrekkelijk voor de shopper.

Aantrekkingskracht versus investeringskosten

In stap 1 hadden we het over het belang van een doordachte strategie en doelgroepanalyse. Als je huiswerk goed gemaakt is, zul je waarschijnlijk al een idee hebben welke richting je uit wilt met de sfeer en stijl van je pop-upstore. Visueel aantrekkelijke winkels hebben het altijd al goed gedaan. Denk aan de etalages en winkels tijdens de kerstperiode. Shoppers worden geprikkeld en geïnspireerd. En de vele investeringen in decoratie en visueel aantrekkelijke winkels doen kopen. We zien nu eenmaal graag verrassende dingen. Idem bij tijdelijke winkels. Als winkels investeren in etalages en seizoensdecoratie, dan moeten ze dat zeker ook doen bij de inrichting van hun tijdelijke pop-upstores.

Het design van pop-upstores is niet iets wat je snel even tussendoor kunt doen. Integendeel, bij pop-upstores heb je des te meer overdonderende elementen nodig om ervoor te zorgen dat je concept spraakmakend wordt. Je hebt in de meeste gevallen immers niet voldoende tijd om via klassieke reclame mensen naar je tijdelijke shop te lokken. Je zult het dus vooral van passanten en mond-aan-mondreclame moeten hebben. En om die te krijgen is goed design noodzakelijk.

Natuurlijk blijft het de vraag hoe je goed design combineert met een aanvaardbaar budget. Een pop-up is slechts beperkt open en de investeringskosten mogen dan ook niet te hoog oplopen. We zetten al shops op voor slechts twee dagen. Je kunt dus niet te wild omspringen met het inrichtingsbudget. En toch moet het uitzicht verbazen en shoppers lokken. Hoe vind je daarin een evenwicht?

Een tip die we meestal meegeven is om al met het design te starten bij het selecteren van de panden.

Sommige panden zijn heel ruw, andere beschikken nog over bruikbare, leuke elementen. Bij shoppingcentra krijg je meestal een enge, lege ruimte die nog heel veel aankleding vraagt. Het zal moeilijk zijn om hier goedkoop een passende sfeer te creëren. Je zult valse of mobiele wanden nodig hebben en heel wat decoratiemateriaal. In andere panden kun je meer geluk hebben. Zoals eerder gezegd, richtten we zo eind 2014 een pop-upwijnbar in op een boogscheut van Interieur '12 in Kortrijk. We mochten de pop-upbar opzetten in een oud fabriekspand: een oude tentenfabriek die er van de ene dag op de andere, veertig jaar geleden, mee ophield door het plotselinge overlijden van de zaakvoerder. Alles was nog aanwezig. Van voorraden stof en afgewerkte producten tot uiteraard heel veel naaimachines die gebruikt werden om de tenten te stikken. Het mooie industriële gebouw was een perfecte basis om de juiste sfeer te creëren in de wijnbar. We lieten de ruwe afwerking naar voren komen, plaatsten een leuke lange bar, een innovatief wandrek en aangepaste accentverlichting. De oude naaimachines werden gebruikt als tafeltjes, de voorraad als decoratiemateriaal. En de oude voorraadrekken deden ook nu opnieuw dienst. Op die manier kregen we een heel mooi, passend en sfeervol resultaat voor de pop-upwijnbar.

Functioneel

Design moet uiteraard ook functioneel zijn. Wil je een pop-upwinkeltje inplanten tussen kantoren, dan moet je er rekening mee houden dat de bezoekers gehaast zullen zijn. De middagpauze, tussen twaalf en twee, zal het drukste moment worden met allemaal gehaaste shoppers. Zorg dan ook dat ze snel naar binnen en buiten kunnen. Een pop-upstore midden in het drukke winkelcentrum geeft daarentegen wel ruimte om mensen wat langer in je shop te houden. Je kunt ze verschillende zaken laten ontdekken en je hebt meer tijd om ze te verrassen.

De ingang is het eerste waar je aan moet denken. Maak die zo breed mogelijk, dat nodigt mensen uit om binnen te komen. In Boxpark London, het pop-upshoppingcenter opgebouwd uit ingerichte en geschilderde zeecontainers, hoorden we al van diverse huurders dat de smalle containers de drempel om shoppers binnen te lokken heel hoog maken. Een te smalle ruimte schrikt af.

Voor een goede opbouw van je toekomstige pop-up is het maken van een 'vlekkenplan' geen overbodige luxe. In zo'n vlekkenplan deel je de ruimte in. Je verdeelt de winkel in een aantal zones die elk hun functie hebben. Net zoals een permanente winkel start je met een aanloopzone. Bij binnenkomst zien mensen de eerste meters niet zo heel veel. Het doel van deze zone is om mensen te laten vertragen en de shoppers te laten acclimatiseren. In zo'n vlekkenplan houd je het best ook rekening met de oriëntatie van je bezoekers. Klassiek zijn we in de West-Europese wereld rechts georiënteerd. Dit wil zeggen dat mensen in de meeste gevallen automatisch rechts lopen in een winkel en het rechtse schap meer aandacht zullen geven dan de items die links uitgestald staan. Verder moet je rekening houden met de verschillende functies die nodig zijn in je tijdelijke winkel. Zijn er paskamers nodig? Waar ga je de kassa plaatsen? Ga je werken met eilandjes of speciale hoekjes? Kan een kinderhoek interessant zijn? Of heb je eerder behoefte aan een mannenhoek? Is er een wachtruimte nodig? Of een bar? Je merkt het, het indelen van je winkel in verschillende zones vraagt expertise en vakmanschap.

Een vlekkenplan is een mooie eerste stap, maar na een vlekkenplan kun je het best ook een rekkenplan (laten) opmaken. Hoe zul je een wand indelen? Wat komt onderaan en wat op ooghoogte? Hoe ga je de producten presenteren? Neem nu bijvoorbeeld een kledingwinkel. Meestal zijn kledingrekken waaraan je alles aan kapstokken kunt ophangen het gemakkelijkste om mee te werken. Dat wil echter zeggen dat bijna alles via mouwpresentatie uitgestald is. Is dat wel de meest efficiënte (lees: rendabele) manier om kleding te presenteren? Studies wijzen uit van niet. Je wisselt het best af met legborden en frontpresentatie van bepaalde kledingstukken. Je zult merken dat het creëren van rust en ruimte in je rekkenplan de verkoop doet stijgen.

Herbruikbaar

We hadden het eerder al over het regelmatig inzetten van pop-upstores als strategisch marketinginstrument. Het regelmatig opzetten van pop-ups voegt een extra kader toe waarmee de ontwerpers het best rekening houden. Zorg voor zoveel mogelijk herbruikbare elementen, die op die manier over langere termijn kunnen worden afgeschreven. Denk daarbij in eerste instantie aan valse wanden. Goed pop-updesign gaat veelal uit van modulaire systemen. Met dergelijke systemen kun je de wanden nadien gemakkelijk hergebruiken in een andere ruimte. Er bestaan systemen waarmee je een volledige wand of muur kunt personaliseren. Bij je volgende pop-up gebruik je hetzelfde systeem, maar hang je er gewoon een ander bedrukt doek in. Met andere *visuals* of een totaal andere boodschap. Maar ook decoratieve elementen kunnen opnieuw gebruikt worden. Salons, kastjes, rekken en uiteraard ook kassabanken en zelfs pashokjes.

Niet alles is uiteraard herbruikbaar. Maar dan nog kun je het maximale uit je budget proberen te halen. Ga langs bij kringloopcentra en verhuurbedrijven. Decoratiemateriaal huren kan bij kortstondige pop-ups goedkoper zijn dan het nieuw aankopen van alle materiaal. Ook op veilingen vind je soms leuke zaken, die je na je pop-up eventueel terug te gelde kunt maken.

Wees creatief

Wees vooral heel creatief. En kies bijvoorbeeld voor alternatieve materialen. We zagen in het verleden hele leuke pop-upstores, opgebouwd uit recyclagematerialen. Een kledingwinkel waar oude nylons, gekleurd met fluorescerende verf, het plafond opfleurden bijvoorbeeld. Of kasten en rekjes gemaakt uit kartonnen dozen of oude houten kistjes. Ook met houten pallets werden al mooie winkelinterieurs gebouwd en zelfs met plastic bloempotjes zagen we leuke concepten. Allemaal materialen die je op het eerste zicht als afval beschouwt en op een containerpark verwacht, en niet in een trendy pop-upstore. Je kunt nog verder gaan en je interieur opbouwen uit je productverpakking. In dat geval is je winkel je verpakking en omgekeerd. Doe op die manier aan *product placement* zodat het interieur van je zaak er meteen mee gevormd kan worden.

Laat het over aan professionals

Kon je bij het zoeken van je pand nog veel geld uitsparen door zelf te zoeken en te onderhandelen, dan zouden we je hier aanraden om toch met professionals samen te werken. Goed design vereist vakmanschap en expertise. Welke indeling en looprichting is ideaal? Welke materialen kun je gebruiken? Hoe creëer je een herbruikbare inrichting?

We raden aan om hier te investeren in goede ontwerpers. Mensen met kennis van winkeldesign. Creatievelingen die ook experts zijn in materiaalkeuzes. Mensen die daarnaast ook weten wat het is om een interieur te bouwen en die graag het project coördineren en begeleiden. Investeer in degelijk design en interieuradvies en op lange termijn zul je het zeker terugverdienen. Enerzijds doordat er meer gekocht zal worden, anderzijds door de herbruikbaarheid van je inrichting.

Ben je bang voor een dergelijke samenwerking? Ga dan in eerste instantie voor een goed gesprek en maak duidelijke afspraken. Veel ontwerpers zullen starten zodra ze een realistisch budget krijgen. Ze werken dan iets uit dat binnen je budget past en bovendien aan je briefing voldoet.

Verf en kleur

Mensen zijn visueel ingesteld en kleur helpt enorm om sfeer te krijgen in een ruimte. Verf geeft alles met een minimum van tijd en budget een totaal andere *look*. Laat je bijstaan door experts. Want sommige kleuren doen beter verkopen dan andere. Studies wijzen uit dat aangename kleuren ervoor zorgen dat shoppers langer in de winkel zullen blijven en ook sneller zullen kopen. Rood scoort in dat opzicht slechter dan blauw. Rood blijkt een oncomfortabel gevoel te geven, wat resulteert in vermijdingsgedrag. Oranje wordt dan weer gezien als een heel vrolijke kleur. Alles hangt natuurlijk in hoge mate af van je doelgroep en winkelconcept. Richt je winkel zich tot jongeren of eerder tot vijftigplussers? Het gevoel van deze twee doelgroepen zal totaal anders zijn bij het zien van een fluorescerende wand.

Ook bij het presenteren van je producten houd je het beste rekening met kleurenleer. Welke kleuren leg je samen in een rek? Hoe bouw je een rek qua kleur precies op? Het lijken details, maar ze bepalen in verregaande mate of mensen zich comfortabel voelen in je winkel of net niet.

Wil je een leuke muurtekening of een graffitikunstwerk op je gevel of op een winkelwand? Overweeg dan misschien een samenwerking met een kunst- of tekenacademie. Laat hen een muur beschilderen passend bij het thema van je pop-up en je slaat twee vliegen in één klap. Je winkel krijgt relatief goedkoop de juiste sfeer, én je hebt meteen een aantal mensen die volk naar je winkel zullen brengen om hun werk te laten zien.

De kracht van licht

Licht is een krachtig instrument. Denk aan de alom bekende winkels van Abercrombie & Fitch. Iedere bezoeker klaagt over het feit dat het er heel donker is. Maar net dat element maakt de winkels sfeervol en aantrekkelijk voor de doelgroep die vooral uit tieners bestaat. De sfeer doet denken aan een donkere vip-clublounge en geeft de tieners een gevoel van luxe en exclusiviteit. Het concept zorgt voor een relaxte sfeer en doet meer kopen. Hun meegekomen ouders zijn meestal minder onder de indruk en kunnen met moeite de maat of de prijs op de etiketten lezen.

Het is intussen duidelijk. Net zoals kleur kan het juiste licht de verkoop in je zaak enorm bevorderen. Licht moet voor een gepaste sfeer zorgen, maar daarnaast ook functioneel zijn. Welke verlichting past in het pashokje? En hoe licht je een wand perfect uit? Ook dat is specialistenwerk, dat aandacht verdient in je pop-up.

Wat je zelf doet...

We hebben het al eerder vermeld: een pop-up verschilt weinig van een vaste winkel. Akkoord, sommige zaken kun je gemakkelijk zelf doen en op die manier kun je kosten besparen. Maar werk zeker voor het ontwerp samen met de juiste experts. En laat je ook adviseren in verband met de juiste verlichting en kleur in je pop-up.

DE ADMINISTRATIEVE VERPLICHTINGEN

Regelmatig komen pop-upstores in de pers omdat ze het niet zo nauw nemen met de regels. In Amsterdam bijvoorbeeld heeft de stad undercoverambtenaren ingezet om te kijken wat er in pop-ups allemaal gebeurt en of men er wel de juiste vergunningen voor had. Vraag het maar aan boekenwinkel Books & Bubbles, die in Amsterdam de deuren moest sluiten wegens het ontbreken van de nodige vergunningen. Naast boeken werden er immers alcohol en hapjes aangeboden aan de klanten. Een leuk idee, maar daarvoor heb je een vergunning nodig, ook al gaat het om een tijdelijk project. De ondernemers steken zich meestal weg achter het feit dat iets tijdelijk is, maar het kan wel betekenen dat je pop-up van de ene op de andere dag gesloten wordt. Alles goed uitpluizen en ruim op tijd vergunningen aanvragen is dus de boodschap.

Dit administratieve luik is niet meteen het leukste gedeelte, maar spijtig genoeg is het niet te vermijden. Eerst en vooral moet je zorgen voor een sluitend contract met de eigenaar van het pand. Maar ook vergunningen en verzekeringen zijn noodzakelijk voor het opzetten van een pop-up. We overlopen de belangrijkste zaken in dit stuk.

Gebruiksovereenkomst

Pop-upstores zijn een relatief nieuw fenomeen. Dat betekent dat er nog geen sluitend wettelijk kader is. Balanceren in een grijze zone brengt soms problemen met zich mee. Problemen die je beter kunt vermijden. In Vlaanderen bestaat er een handelshuurwet en die is nogal lastig te combineren met het fenomeen van een pop-upstore. We raden aan om via een contract of overeenkomst te zorgen dat je niet onder deze wetgeving valt. De wet verplicht immers voor langere periode te huren en gaat standaard uit van 3/6/9-contracten. Bij dergelijke contracten ben je minimaal voor drie jaar gebonden aan het pand. Dat betekent dat je minder flexibel bent en grote opzegvergoedingen zult moeten betalen indien je slechts heel beperkt wilt gaan huren. Met een pop-upstore ga je daarom beter uit van een bezettings- of gebruiksovereenkomst. In dat geval huur je het pand niet, maar gebruik je het tijdelijk. Deze woordkeuze kan verstrekkende gevolgen hebben, dus teken je maar beter geen contract waar het woord 'huur' in voorkomt.

Je kunt dus het best opteren voor de zogenaamde 'bezetting ter bede'. Daarbij moet je er wel op letten dat dit enkel kan in afwachting van iets anders, bijvoorbeeld een nakende verbouwing of verkoop van het pand. Is dat niet het geval, dan kun je opteren voor een 'gemene huur'. Daarmee wijk je af van de handelshuurwet en sluit je een contract voor minder dan een jaar. De strenge regels van de handelshuurwet zijn dan niet van toepassing. Let dan echter op dat je het jaar niet overschrijdt, want als je dat doet, val je automatisch toch onder de handelshuurwet.

Een gebruiksovereenkomst, wat zet je daarin?

- Partijen
- Plaatsbeschrijving: zo gedetailleerd mogelijk
- Gewenste periode en opzegperiode
- Prijs
- Reden van het gebruik: in afwachting van...
- Waarborg
- Contactpersonen
- Wijze van sleuteloverdracht
- Verzekeringen: wie is verzekerd tegen wat?
- Vergunningen en toelatingen die aangevraagd kunnen worden op de locatie
- Eventuele voorkeuroptie op andere langetermijnhuurders

Een dergelijk contract vermeldt heel wat te verwachten items, maar hoogstwaarschijnlijk merkte je in bovenstaande lijst ook een aantal zaken op die vragen oproepen.

Een opzegperiode bijvoorbeeld. Inderdaad, indien de pandeigenaar plotseling toch een langetermijnhuurder vindt voor zijn winkelpand, zal hij die voorrang willen geven. In dat geval zal hij snel het pop-up-contract willen beëindigen zodat hij zijn nieuwe huurder snel toegang kan geven tot het pand.

Daarnaast is er sprake van de mogelijkheid om zelf de kans te krijgen om op lange termijn te huren. Een dergelijke clausule laat je het best inbouwen wanneer je een locatie wilt testen alvorens je er definitief te vestigen. Bij een dergelijke clausule is de eigenaar verplicht om jou als eerste de kans te geven het pand te huren of te kopen als hij een bod zou krijgen van een andere geïnteresseerde partij. Maak je geen gebruik van deze optie (onder de onderling afgesproken voorwaarden uiteraard), dan kan hij toch verhuren of verkopen aan een andere partij.

Dit zijn elementen waar je misschien niet meteen aan denkt in de hectische periode bij het opstarten van je pop-up, maar toch zijn ze belangrijk om even in overweging te nemen. Ze bieden je zekerheid, maar ook voor de verhuurder zijn ze interessant. Met een goed opgemaakt contract in de hand zal hij meteen merken dat je professioneel bent en zul je hem gemakkelijker kunnen overtuigen.

Verzekeringen

Nu je een sluitend contract hebt voor je pand, moet je het goed verzekeren. De verhuurder is als eigenaar normaal gezien altijd verzekerd tegen brand. Maar als huurder of gebruiker van een pand dien je ook verzekerd te zijn voor je huur- of gebruiksaansprakelijkheid. Wat gebeurt er als er een brand in het pand ontstaat en de oorzaak ligt bij jou als gebruiker? Stel: het pand loopt brandschade op door een fout in een verwarmingselement dat je plaatste? In dat geval zal de verzekeringsmaatschappij van de eigenaar bij jou aankloppen. Je zult aansprakelijk gesteld worden voor het voorval en kunt dus maar beter goed ingedekt zijn. Overleg met je verzekeraar welke bedragen er bepaald zullen worden voor de verzekering. Voor het bepalen van die waarden wordt veelal gewerkt met een berekeningsrooster volgens het aantal vierkante meters of het aantal ruimtes van het pand dat je tijdelijk gebruikt.

Naast schade die kan ontstaan uit brand of onweer, zijn er nog andere zaken waar je aan moet denken. Wat doe je met vandalisme en/of diefstal? Het is interessant om ook daarover te spreken met je verzekeraar. Stel dat het gebouw schade oploopt door een inbraak? Ramen of deuren die opengebroken werden, sloten die geforceerd werden, graffiti op de muur...

Naast het pand zelf, verzeker je het best ook de inhoud ervan. Bij brand of diefstal kan je eigen materiaal immers ook schade oplopen of verdwijnen. Naast het gebouw verzeker je dus ook het best de inhoud. Ook hier weer hetzelfde principe: bepaal zelf welke risico's je ingedekt wilt zien. Enkel brand of ook diefstal?

Een tijdje geleden lazen we nog een artikeltje over een Nederlandse popupstore in Enschede, The Upperside. Er was brand ontstaan in de koelinstallatie van het pand. De roetschade zorgde ervoor dat alle producten van de benedenverdieping onverkoopbaar werden en de pop-up twee dagen eerder dan gepland zijn deuren moest sluiten. Wie draait hier op voor de schade? Hopelijk waren alle partijen goed verzekerd.

We hadden het tot nu toe vooral over de risico's van het pand en de goederen. Maar er zijn nog een aantal andere zaken waar je rekening mee moet houden. Wanneer je mensen over de vloer krijgt in je zaak, kunnen er tal van andere zaken gebeuren. Iemand kan zich bezeren in je winkel. Bijvoorbeeld door een plotseling losgekomen vloerbedekking. Of iemand kan tegen de hoek van een rek stoten. Voor dergelijke gevallen kun je een verzekering burgerlijke aansprakelijkheid uitbating aangaan. Zo zorg je ervoor dat ook dergelijke risico's afgedekt zijn.

We sommen hier slechts een aantal basismogelijkheden op. Maak voor jezelf een lijst van de mogelijke risico's en bespreek ze met je verzekeraar. Denk ook aan oplossingen als je met meerdere gebruikers samenwerkt binnen een pop-upconcept. Plan hier ruim voldoende tijd voor, want het regelen van dergelijke administratieve rompslomp vraagt tijd en geduld. Voor verzekeringsmaatschappijen zelf is het soms ook even zoeken naar een goede tijdelijke oplossing. Maar een goede verzekeraar zal je graag bijstaan.

Vergunningen

Bij het opzetten van een pop-upstore moet je ook goed checken welke toestemmingen en vergunningen je allemaal nodig hebt om aan de regels te voldoen. In België kun je daarvoor terecht bij de FOD Economie of het ondernemersloket in je buurt. In Nederland is de Kamer van Koophandel (KvK) een goed startpunt. Maar aangezien pop-ups relatief nieuw zijn, is het meestal wat zoeken.

Zorg er zeker voor dat je de pop-upvestiging van je zaak registreert in de kruispuntbank van ondernemingen (KBO). Dat kun je vragen via je sociaal secretariaat of in Nederland eveneens aan de Kamer van Koophandel. Tegen een kleine kostprijs brengen ze dat in orde. Vergeet niet na de sluiting de tijdelijke vestiging opnieuw te laten schrappen uit het KBO of handelsregister.

Kijk ook of je andere zaken nodig hebt. Een uitbatingsvergunning, toestemming om voedingsmiddelen te verkopen, te serveren of te bereiden, een vergunning om drank te verkopen. Speel je muziek of video's? Denk er dan zeker ook aan om SABAM (Buma-Stemra in Nederland) te contacteren. Meestal gebeurt dat echter door de leverancier van geluids- en videosystemen.

Heb je grondige verbouwingen gepland, dan heb je waarschijnlijk een stedenbouwkundige vergunning nodig. En houd ook rekening met socio-economische vergunningen. In principe gelden voor een pop-upstore dezelfde regels als voor een permanente winkel. Pas in die zin ook op met korting en prijspromoties. Daar bestaan zoals je ongetwijfeld weet ook heel wat regels rond.

Groen licht van de brandweer voor een pop-uphotel

In de koude wintermaanden hadden we een jaar of twee geleden het lumineuze idee om een pop-uphotel op te zetten in een leegstaande fabriek. We hadden het er eerder al over. Het betrof een pand dat tientallen jaren leegstond en dat in niet al te beste staat verkeerde. Geen elektriciteit, noch water. Ingeslagen ruiten, lekkende daken… Het zag er niet zo gezellig uit. Toch slaagden we erin om in een tijdspanne van een drietal weken een luxueus indoorcampinghotel op te zetten op deze locatie.

Er waren echter verschillende vergunningen en toestemmingen vereist, niet het minst in verband met de veiligheid. We namen contact op met de brandweer, die advies gaf over hoe het pand het best werd aangepakt om het brandveilig te krijgen. Mits het aanbrengen van noodverlichting, nooduitgangen, rookdetectoren, brandblussers en uiteraard ook de nodige pictogrammen, slaagden we erin om via de brandweer snel een toestemming te krijgen voor het pop-uphotel. Een advies dat door de politiediensten en de stad gevolgd werd, en waardoor het campinghotel veilig en vergund kon openen.

Besteed voldoende tijd en aandacht aan dit administratieve luik. Je zou niet de eerste zijn die moet sluiten doordat een van de jaloerse 'concullega's' een controleteam naar je pop-up stuurt en op die manier zorgt voor onmiddellijke sluiting.

KLANTEN LOKKEN EN BEKENDMAKING VIA COMMUNICATIE

Het aankondigen van je pop-up is een belangrijke taak. Een tijdelijke winkel moet vanaf dag één een succes zijn, want veel tijd heb je meestal niet. Het betreft een nieuwe winkel die niet bekend is. Je zult dus krachtig moeten communiceren over je bestaan. Sommige concepten worden snel bekend doordat ze exclusief worden opgezet. Een gerucht als 'er schijnt een hippe exclusieve wijnbar te zijn geopend in het oude pand... maar je mag er slechts binnen als...' verspreidt zich razendsnel. Moeilijker is het voor klassiekere winkelconcepten. We hadden het er al over. Als het concept niet baanbrekend is, zul je des te meer moeten communiceren om er volk naartoe te krijgen.

We raden je eerst en vooral aan om tijdig te starten met je communicatie. Via *teasing* kun je al heel wat nieuwsgierigheid wekken. Nieuwsgierigheid die hopelijk groot genoeg is, zodat je al snel een groot aantal bezoekers over de vloer krijgt. Nieuwsgierig maken kan op verschillende manieren. Je kunt via stickers of badges al enkele weken voor opening aankondigen dat er op een bepaald tijdstip iets te beleven valt op je locatie. Ook via het internet en klassieke printmedia kun je mensen al opwarmen met teasende boodschappen en advertenties.

Waarom zou men naar je pop-up moeten komen? Wat is er speciaal en uniek aan? Houd rekening met je doelgroep en communiceer in voordelen. Op die manier maak je de meeste kans op een toevloed van shoppers.

Communicatie is in essentie heel eenvoudig. Je moet een antwoord formuleren op volgende vraag:

WAT ga ik communiceren naar WIE en via WELKE middelen ga ik dat doen?

Als je huiswerk goed is gemaakt, moet je op de eerste twee vragen al een duidelijk antwoord in gedachten hebben. Je concept moet in dit stadium volledig af zijn. Het unieke karakter en de toegevoegde waarde van je pop-up moeten heel duidelijk zijn. Uiteraard moet je ook een heel goed beeld hebben van je doelgroep. Wie zijn ze? Wat vinden ze leuk? Hoe leven ze? Je hebt hopelijk al een grondige segmentatie-oefening achter de rug die resulteerde in een aantal zogenaamde 'persona's', noem het stereotypen van je verschillende subdoelgroepen. Als dit achter de rug is, dan rest enkel nog de mediaselectie om te bekijken via welke middelen je zult communiceren met deze subdoelgroepen.

In grote lijnen beschik je over drie soorten media om te communiceren. Je hebt media waarvoor je betaalt, eigen media en tot slot media die je op een of andere manier verdient.

De eerste groep zijn de media waar we spontaan aan denken bij reclame: tv, radio, advertenties in magazines en kranten, maar evenzeer affiches op bussen, trams en andere posternetwerken. Met dergelijke media heb je een groot bereik en probeer je vooral mensen aan te spreken die je merk, je winkels nog niet kennen. Je hebt deze media nodig om iets op te bouwen. De kunst bestaat erin om er zorgvuldig mee om te springen. Je wilt voldoende mensen bereiken, maar je wilt zo weinig mogelijk budget uitgeven aan deze eerste groep van relatief dure mediatools.

Wat absoluut in deze eerste categorie van media thuishoort is een flyerteam. We raden aan om te investeren in een degelijk flyerteam dat mensen in de straat daadwerkelijk aanspreekt en naar je pop-up lokt. Zeker als het een korte pop-up betreft, heb je geen tijd te verliezen en wil je vanaf dag één een overrompeling.

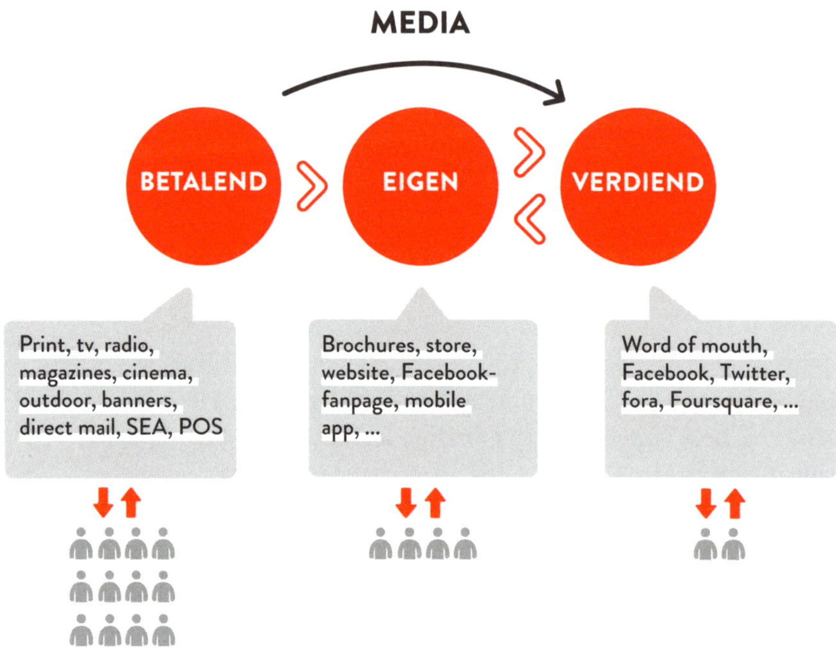

Probeer ook creatief uit de hoek te komen en gebruik guerrilla-advertising. Zaken die relatief goedkoop zijn, maar door hun gedurfde karakter heel sterk opvallen. We zagen in het verleden al heel efficiënte voorbeelden. Van het nachtelijk ophangen van honderden ballonnen in de straten, het opzetten van bedrukte zadelhoesjes op alle fietsen in de buurt tot diverse *flash mobs* in stations, in de winkelstraat of op het centrale plein in het shoppingcenter.

Een hele leuke, duurzame mogelijkheid binnen de guerrilla-communicatieacties zijn de zogenaamde *reverse* graffiticampagnes. Bij deze techniek laat je een sjabloon creëren met je boodschap, dat je op diverse plaatsen in de stad legt. Met een hogedrukreiniger spuit je de muur of straatstenen schoon, waarna je boodschap her en der in het stadsbeeld verschijnt. Relatief tijdrovend, maar wel goedkoop en efficiënt om je pop-up onder de aandacht te brengen. We zagen al voorbeelden waar een volledig parcours mensen tot aan de deur van de tijdelijke winkel gidste.

Naast betalende media is er de tweede groep media, namelijk je eigen communicatiemiddelen. Middelen waar je zelf eigenaar van bent. We denken hier in eerste instantie aan je pop-up zelf. Zorg dat de pop-up opvalt in het straatbeeld en uitnodigend werkt. Daarnaast heb je nog meer eigen media. Je hebt hoogstwaarschijnlijk een eigen website, een Foursquarelocatie of *venue*, een Facebook- en/of Google+-pagina en dergelijke meer. Allemaal tools die je kunt gebruiken om te communiceren over je nieuwe plannen.

Misschien beschik je ook wel over een goed adressenbestand dat je kunt gebruiken voor directmailacties of heb je een eigen magazine dat op regelmatige tijdstippen naar je klanten en prospecten wordt gestuurd. Of je kunt via je andere (permanente) winkels communiceren over je pop-up. Een tijdelijke extra locatie, daar moet ook op alle andere locaties uitgebreid over verteld worden. En uiteraard ook op je eventuele webshop kan het tijdelijke winkelpunt in de verf gezet worden.

Tot slot kun je binnen deze tweede categorie van media gebruikmaken van stickers, stoepborden en andere signalisatietools. Maak shoppers op zoveel mogelijk manieren duidelijk waar ze moeten zijn, waar ze kunnen parkeren en vooral wat ze mogen verwachten van je tijdelijke opzet. Vergeet ook niet je bedrijfswagens passend te beletteren. Of eventueel te investeren in een opvallend, lowbudgetvervoermiddel dat je op diverse plaatsen in de stad kunt ‘parkeren’. Denk bijvoorbeeld aan een origineel beletterde aanhangwagen, een leuke bakfiets of een retro auto. Zulke zaken trekken nog altijd de aandacht.

Dan rest ons nog de derde groep media, de media die je verdient. Klassiek denken we hier spontaan aan mond-aan-mondreclame (*word of mouth*) en persartikels. Maar anno 2014 behoren ook de sociale media tot deze groep van *earned* media. Laat dit nu net een hype zijn. We leven precies in een tijdperk waarin je enkel nog op sociale media actief hoeft te zijn. Staat je zaak niet op Facebook, dan besta je niet. En daardoor merken we dat sommige winkels steeds minder aandacht besteden aan andere vormen van communicatie. Volgens ons moet je hier voorzichtig mee zijn en zeker ook voldoende aandacht blijven besteden aan de twee eerder vermelde groepen media. Zie sociale media als media die je moet verdienen, media die je vooral gebruikt om binnen je netwerk te communiceren. Mond-aan-mondreclame (waaronder we ook sociale media rekenen) is een heel krachtig medium. Maar het werkt enkel als je shoppers over jou laat vertellen. Dit betekent dus dat je vooral conversaties moet faciliteren, en niet dat je per se zelf elke dag zaken moet uitzoeken om op je Facebookprofiel te posten. We vergelijken het graag met een bezoek aan je stamcafé.

Reclame via Facebook werkt zoals op café gaan

Stel, je bent schilder en gaat elke vrijdagavond naar je vaste café. Elke week opnieuw kom je binnen en zeg je hoe goed je de afgelopen week wel gewerkt hebt. Je hebt weer een schitterend project afgewerkt. De klus was supermoeilijk, maar toch slaagde je erin om alles tot in de puntjes af te werken.

De eerste keer dat je zo'n verhaal vertelt zullen een aantal mensen onder de indruk zijn. De tweede week al een stuk minder en de derde week zullen ze je waarschijnlijk vragen om naar een ander café te gaan met je verhaal. Ze zullen je gepoch beu zijn en het zal op zijn minst ongeloofwaardig overkomen. Zo werkt het ook op sociale media. Als je op je eigen profielpagina elke week pocht over je troeven en realisaties, zul je de volgers al snel vervelen. Ze zullen afhaken en je zeker geen positieve mond-aan-mondreclame bezorgen.

Ga je daarentegen voor echte unieke belevingen voor je klanten en faciliteer je op een of andere manier een gesprek (face-to-face of via sociale media), dan krijg je een andere situatie. Dan zit je ook elke week in je stamcafé te praten over allerlei zaken, maar ben je niet uitsluitend aan het pronken met je realisaties. Als er iemand aan de toog stelt op zoek te zijn naar een goede schilder, is de kans groot dat iemand zegt dat hij eens met jou moet praten en dat hij jou spontaan aanwijst op je vertrouwde plaatsje in het café.

Moraal van het verhaal: zorg dat mensen weten wat je doet en zorg er vooral voor dat ze tevreden zijn. Vroeg of laat, mits zich een kans voordoet, zal er over je gesproken worden. Deze manier van communiceren duurt iets langer en vraagt iets meer geduld. Maar eens dergelijke zaken plaatsvinden, zijn ze wel veel krachtiger dan klassieke reclame. En wat werkt beter als *facilitator* dan een heel origineel en gedurfd concept? Je merkt het dus nogmaals: je opzet en concept mogen gerust heel speciaal zijn.

Lead generation

De derde groep media kun je ook perfect gebruiken om mensen naar je winkel te lokken. Met een zogenaamde *lead generation strategy* kun je snel aan naambekendheid winnen en mensen overtuigen om je een bezoekje te brengen. Een pop-upstore van ontwerper Marc Jacobs zette in die zin in het verleden een *pay-with-a-tweet*-campagne op. Alle items uit zijn pop-upstore waren te koop voor een of meerdere tweets. Een krachtige *incentive* om je pop-up gevuld te krijgen. Ook Old Navy (GAPgroep) lokte op een gelijkaardige manier de aandacht. Ze deelden negenduizend slippers uit in ruil voor een tweet. Dat betekende negenduizend vermeldingen op sociale media die mensen aanzetten om naar hun winkels te komen. Origineel en relatief goedkoop.

Organiseer events en workshops

Een leuke manier om mensen te blijven triggeren is het opzetten van events en workshops tijdens je pop-up. Diverse grote merken deden het je al voor en toverden hun pop-upstores bijvoorbeeld 's avonds om tot *loungy* clubomgevingen waar een dj in samenwerking met een merk van cocktails voor de gepaste sfeer en publiek zorgde. Diesel zette op die manier al diverse concepten in de markt. Hun *farm pop-up* in Regent Street in Londen hostte bijvoorbeeld elke donderdagavond een andere dj, wat aan shoppers telkens een nieuwe reden bood om langs te komen en het unieke event te bezoeken. Dit zijn zaken waar mensen over spreken en die ze graag met elkaar delen.

Ook klassiekere workshops behoren tot de mogelijkheden. Zorg dat er op regelmatige tijdstippen iets te beleven valt in je winkel. Iets wat men niet gewoon is en in andere winkels niet vindt. Ga dus iets verder dan een klassieke proefsessie of het uitdelen van samples, maar organiseer wedstrijden, kook samen of koppel een bekend gezicht aan je pop-up en zorg dat die daar op vaste tijdstippen aanwezig is.

Persrelaties

Wat ook tot de derde groep media behoort is het informeren van de pers. Organiseer een persconferentie of stuur een persbericht naar de belangrijkste media die zich richten tot je doelgroep. Nodig een aantal journalisten uit voor een primeur en laat hen als eersten kennismaken met je concept. Mits het een origineel concept is en de nodige nieuwswaarde heeft, kun je heel veel gratis persaandacht halen. Interviews, reportages, artikels of vermeldingen in uitagenda's, allemaal objectieve informatie met meer waarde dan een geplaatste advertentie. We maakten het al mee dat de waarde van de verkregen persknipsels de waarde van de geboekte advertentieruimte ruim oversteeg. Maar ook hier staat of valt alles met de originaliteit van het concept. Je concept moet het waard zijn om vermeld te worden. En aangezien er meer en meer pop-ups ontstaan, zul je gedurfd uit de hoek moeten komen.

Unieke beleving

We hadden het er al eerder over, maar het is volgens ons dan ook de sleutel tot een succesvolle pop-up: het beste communicatierecept is ervoor te zorgen dat mensen een unieke beleving vinden in je pop-up. Iets waar ze geweest willen zijn en waarmee ze in hun vriendengroep kunnen scoren. Alsof ze een geheime locatie ontdekt hebben. In die zin raden we aan om iets kunstmatig exclusiefs te maken. Geef bezoekers een gepersonaliseerd aandenken. Beperk het aantal genodigden op je events. Nodig bekende personen uit die signeersessies houden. Slechts een beperkt aantal mensen zullen op die manier iets unieks krijgen en je pop-upverhaal aan een razendsnel tempo verspreiden binnen hun kennissen- en vriendennetwerken. De tools zijn anno 2014 voorhanden.

C

- CASE -

Exclusiviteit creëren: Cointreau Fizz Garden

In 2013 zorgde Cointreau voor een dergelijk concept in Brussel. Ze creëerden een tijdelijke vip-cocktailbar in hartje Brussel, slechts toegankelijk voor de happy few. Ze transformeerden een oud en statig bankgebouw tot een tuin waar naar hartenlust cocktails geproefd konden worden.

Tijdens de lente openden ze het concept voor vier weken. In een mysterieuze sfeer, die perfect aansloot bij de branding van Cointreau, konden mensen vanaf 18.30 uur hun cocktails laten personaliseren en genieten van dit unieke pop-upconcept.

Maar niet iedereen mocht zomaar naar binnen. Om toegelaten te worden werd vooraf een website opgezet, waar mensen zich moesten registreren. Enkel de gelukkigen die werden uitgeloot, kregen een toegangsticket toegestuurd en konden van dit kunstmatig exclusieve gebeuren genieten. Een mooi voorbeeld van succesvolle, alternatieve reclame via een pop-upbar.

WAT MET PERSONEEL?

Voor je pop-up zul je ook personeel nodig hebben. Tenzij het gaat om een pure etalageshop, zul je de shopper op een of andere manier bedienen in je tijdelijke winkel.

Voor het op- en afbouwen van je winkel kun je meestal gemakkelijk een beroep doen op gespecialiseerde aannemers. Maar wie gaat je winkel openhouden? Red je het met je huidige personeel? Kun je een aantal mensen tijdelijk overplaatsen naar de pop-up of heb je extra mankracht nodig?

In dat laatste geval maak je het best een aantal overwegingen. Welk type personeel heb je nodig? Iemand die alles netjes houdt, of een uitbater die alles coördineert en zorgt dat het vlotjes loopt? Een groot verschil qua profiel. En uiteraard zal dit ook een ander kostenplaatje opleveren. Denk dus in eerste instantie goed na over het gewenste profiel en het aantal mensen dat je nodig hebt.

Daarna moet je overwegen hoe je de extra personen zult aanwerven. Ga je het winkelpersoneel op je eigen payroll plaatsen? Dat betekent dat je zelf verantwoordelijk bent voor alle loonadministratie, vergunningen en dergelijke meer. Het is gemakkelijker om te werken via een uitzendkantoor waarvan je enkel een factuur ontvangt. Zij nemen in dit geval alle administratie van je over en nemen het personeel op hun payroll. Je kunt ook een beroep doen op een zelfstandige, freelance professional die adviseert en coördineert. Dat kan handig zijn als je op zoek bent naar een ervaren teamleader en projectmanager. Deze profielen vind je niet zo gemakkelijk op de markt, maar je kunt bijvoorbeeld wel opteren voor een freelance samenwerking met een zelfstandige retailcoach.

Of je nu verder werkt met je bestaande personeel of met nieuwe aanvullende krachten, een goede briefing is heel belangrijk. Het winkelpersoneel moet op de hoogte zijn van de doelstellingen en het concept van de pop-up. Het moet doordrongen zijn van de leuke opzet en op die manier met veel 'goesting' in de pop-up staan. Een goede of slechte winkelervaring wordt immers in de meeste gevallen gemaakt of gekraakt door de kwaliteit van je personeel.

Neem dus voldoende tijd en moeite om je personeel te informeren en te motiveren. In die zin kun je werken met checklists, 's morgens standaard starten met een overleg en regelmatig controles uitvoeren. Op dit vlak kun je misschien iets opsteken van de manier waarop Disney het aanpakt in zijn wereldberoemde themaparken.

Wat kunnen we leren van een Disney-themapark op het vlak van personeelscoaching?

Walt Disney, overleden in 1966, was een Amerikaanse filmproducent die wereldberoemd werd in de sector van het amusement. Hij creëerde verschillende tekenfilmpersonages zoals Mickey Mouse en Donald Duck. Het attractiepark Disneyland, gebaseerd op deze karakters, opende in 1955 zijn deuren in Los Angeles. Na zijn dood in 1966, openden zijn opvolgers soortgelijke parken in alle delen van de wereld.

Walt Disney besefte heel snel dat hij met zijn personeel het verschil moest maken. En nog steeds werven ze bij Disneyland mensen aan op basis van hun attitude, in plaats van voor een job of functie. Ze huren mensen in die een rol spelen in de totale show. Elk personeelslid begint dan ook met een uitgebreid trainingsprogramma. In veel gevallen start dat programma alvorens de persoon effectief wordt aangeworven. Het programma start met een film die heel duidelijk illustreert hoe het is om bij Disney te werken, welke waarden ze nastreven en hoe de werkomstandigheden er zijn. In een minderheid van de gevallen doet dat een aantal kandidaten besluiten dat ze niet in dit plaatje passen. Dat is een goede zaak, want zo vermijden ze een nodeloze investering in mensen die er niet honderd procent voor willen gaan. De basis van de coaching van werknemers bij Disney ligt in het feit dat er heel duidelijk gecommuniceerd wordt over de verwachtingen. Iedereen weet perfect wat van hem verwacht wordt. Er worden dan ook heel duidelijke, concrete doelstellingen vastgelegd. Op die manier kunnen ze gemakkelijk controleren en bijsturen waar nodig.

Deze communicatie wordt via diverse tools opgezet. In 1943 was er bij Disney al een heus personeelshandboek, waarin alle procedures vriendelijk en motiverend werden uitgelegd. Iets waar veel bedrijven op vandaag nog veel kunnen van leren. Wat doe je als je telefoon krijgt? Wat als er een ongeval gebeurt? Alles werd in deze brochure via een stripverhaal perfect geïllustreerd met één doel voor ogen: de klant centraal zetten.

Naast deze leidraad vind je in de themaparken her en der panelen met herinneringsboodschappen. Boodschappen zoals *Always keep smiling* die worden aangebracht op de achterkant van de deur die personeelsleden nemen bij het binnengaan van de bezoekerszone. Ook personeelsmeetings en face-to-facegesprekken met teamleaders staan wekelijks op het programma.

Het allerbelangrijkste misschien is het feit dat ze hun personeel laten voelen dat ze hen appreciëren. Ze luisteren naar hen en consulteren hen om te zien hoe ze nog beter kunnen worden. Ze gaan ervanuit dat iedereen een groots idee kan hebben, onafhankelijk van zijn studieniveau of functie. Op die manier wordt er dagelijks gewerkt aan de motivatie van het personeel, met als enige doel hun klanten een nog positievere, onvergetelijke ervaring te bieden.

We kunnen stellen dat motivatie en coaching van je personeel, net als in permanente winkels, ook in een pop-upstore een heel belangrijk element is. We raden je aan om elk project te starten met een uitgebreide briefing en het vastleggen van de verwachtingen per medewerker. Ook een korte coachingsessie net voor de opening van je pop-up kan wonderen doen. Je laat een externe coach op een verfrissende locatie een aantal tips en tricks meegeven, een aantal rollenspelen organiseren en na de inhoudelijke sessie sluit je af met een korte teambuilding. Wedden dat dit zich meteen terugbetaalt na opening van je pop-upstore? Er zal een leuke sfeer heersen met gemotiveerde medewerkers en de shopper zal dat meteen voelen.

Open je voor langere tijd, overweeg dan je pop-up op regelmatige tijdstippen te laten screenen. Daarvoor kun je samenwerken met *mystery shoppers*. Zij stellen voor jou een onafhankelijk rapport op waarin je een goed beeld krijgt van de huidige situatie in je (tijdelijke) zaak. Door dit door een externe, onafhankelijke persoon te laten doen, krijg je een gedetailleerd, objectief beeld, dat veel meer waard is dan je eigen bevindingen. Wanneer je dit zelf doet, kijk je na korte tijd met oogkleppen op en zie je heel veel details zelf niet meer, omdat je ze gewoon bent. Laat de verkregen informatie zo snel mogelijk op een positieve, opbouwende manier terugvloeien naar de betrokken personen. Stel actiepunten op en geef heel concrete tips over hoe elke medewerker zichzelf kan bijsturen om tot een beter geheel te komen. Slechts door op die manier dagelijks te werken aan verbetering, kun je uiteindelijk scoren.

HOE LANG MOET JE OPEN ZIJN?

Er wordt ons vaak gevraagd hoe lang je een pop-up open moet houden. Op deze vraag bestaat geen pasklaar antwoord. Er bestaan geen standaard termijnen die als regel beschouwd kunnen worden. Afhankelijk van de partij die ons vraagt naar de ideale looptijd, weten we wat men graag wil horen. Pandeigenaars spreken graag in termen van enkele maanden tot een jaar, terwijl huurders, zeker kleinere bedrijven, meestal over dagen of weken spreken.

Dit verschil in visie is logisch, want beide partijen denken maar aan een ding, namelijk de opbrengst respectievelijk de kosten van het pand optimaliseren of minimaliseren.

Als retailcoaches en pop-upaanbieders houden we daar echter geen rekening mee. Wij gaan uit van de doelstellingen van de pop-up. Afhankelijk daarvan kan bepaald worden hoe lang de pop-up het best blijft bestaan om het rendement te maximaliseren. We overlopen enkele scenario's.

Wil je een bepaalde regio testen via een pop-upformule alvorens je er definitief te vestigen, dan is het noodzakelijk om een langere periode open te blijven. Een korte test van een week zal onvoldoende informatie bieden om goed de kansen van de locatie te kunnen inschatten. In dergelijke gevallen adviseren we daarom minstens een aantal maanden open te blijven. Heb je een product dat seizoensgebonden is, dan kun je het best verschillende seizoenen open blijven om te ervaren wat het precieze effect is op deze testlocatie. Dit testen van een locatie vinden pandeigenaars het beste systeem. Enerzijds omdat je voor langere tijd huurt en daarnaast omdat je hen vooraf te kennen geeft dat je overweegt om je er definitief te vestigen. Je zult hiervoor in de meeste gevallen dan ook snel een meewerkende pandeigenaar vinden.

Bij exclusieve pop-upwinkels, waar je enkel via een badge of op invitatie binnen mag, kun je eveneens wat langer openblijven. Het feit dat iets exclusief toegankelijk is, betekent dat je voor iets langere tijd mensen nieuwsgierig kunt houden en blijven prikkelen. Afhankelijk van je precieze concept kun je ook hier tot enkele maanden of een jaar gaan.

Anders zit het bij het inzetten van pop-ups om naambekendheid te creeren of nieuwe producten te lanceren. In dergelijke gevallen neemt de kracht af naarmate de pop-up langer open blijft. Het effect dat je krijgt bij korte openingen is hier het belangrijkste. Bij consumenten moet het idee 'ik wil er geweest zijn' blijven spelen. En maanden open blijven heeft in deze gevallen weinig of geen zin. We organiseerden al pop-ups voor enkele uren voor de lancering of voorstelling van een nieuw product. Gemiddeld zien we voor dit soort lanceringspop-ups echter een levensduur van enkele dagen tot maximaal enkele weken. Wat we wel adviseren bij dergelijke pop-ups, is om een aantal keren met je concept op te poppen, op verschillende plaatsen of zelfs in verschillende regio's. Zo kun je verschillende gebieden aandoen en zet je in essentie een soort *roadshow* op. Telkens voor een korte periode. Je bereikt op die manier een groter deel van je doelpubliek.

Nog een andere strategie dien je te volgen indien je pop-upretail inzet om het contact met je klant te verbeteren. We denken hier aan webwinkels die regelmatig offline komen, maar evenzeer aan seizoenswinkels, die daar verschijnen waar de doelgroep zich op dat moment bevindt.

Heb je een webwinkel, dan komt het eropaan om, afhankelijk van je sector en aanbod, een schema op te stellen van waar en wanneer je in een fysieke, tijdelijke winkel beschikbaar wilt zijn. Het is moeilijk om daarvoor een precieze timing voor te stellen. Dat is namelijk sterk afhankelijk van je product of dienst. Gaat het om duurzame goederen of eerder vluchtige zaken, waarvoor shoppers meer herhaalaankopen inplannen? Om daarin een beslissing te nemen, kijk je het best naar de koopmomenten van je doelgroepen. Verkoop je bijvoorbeeld herenkostuums, dan lijkt een keer per jaar per regio ons voldoende. In andere sectoren kan echter een veelvoud noodzakelijk zijn. Klantenonderzoek brengt in deze raad.

Voor een seizoenspop-upshop mag het meestal ook iets langer. Twee tot drie maanden is hier het gemiddelde. Wil je als serviceprovider tijdens de zomer extra servicepunten aan de kust? Via pop-ups kun je dan gemakkelijk extra contactcenters openen, zodat de vele mensen die naar de kust op vakantie komen, toch vlug en gemakkelijk geholpen worden bij problemen met bijvoorbeeld hun smartphoneabonnement. Wil je tijdens de eindejaarsperiode extra winkels in bepaalde steden of shoppingcenters? Dan zul je hoogstwaarschijnlijk ook wel de volledige eindejaarsperiode open blijven.

Je merkt het. Een eenvoudig antwoord op de vraag hoe lang je moet open blijven is er niet. Ga uit van je doelstellingen. Geven die geen sluitend antwoord, zet dan je klant centraal en probeer op die manier te definiëren hoe lang je het best open blijft. Maar vergeet niet dat een pop-up per definitie tijdelijk is. Vergeet niet dat exclusiviteit en schaarste ervoor zorgen dat mensen iets willen. Het nodeloos rekken van een pop-upconcept maakt het meteen een stuk minder krachtig. En dat is meestal niet wat je bedoeling is. Houd je dan ook aan je vooropgestelde sluitingsdatum. En laat die niet afhangen van externe factoren. Hoe verleidelijk die ook mogen zijn.

Wat zegt je contract?

Er rest ons in verband met de timing van pop-ups nog één heel belangrijke bemerking. Pop-upretail maakt gebruik van leegstaande panden. Je betrekt deze panden tijdelijk in afwachting van een verbouwing, een verkoop of een nieuwe langetermijnhuurder.

In sommige gevallen kan de eigenaar precies stellen hoe lang zijn pand leeg zal staan. Maar in de meeste gevallen is de eigenaar, samen met een of meerdere vastgoedkantoren, naarstig op zoek naar een langetermijnhuurder. Het spreekt voor zich dat ze aan een dergelijke huurder voorrang zullen geven op een pop-upretailer.

In onze contracten laten we dan ook steeds een clausule opnemen die het de eigenaar mogelijk maakt om de overeenkomst betreffende de tijdelijke pop-upstore snel te beëindigen in het geval hij een langtermijnhuurder heeft die het pand wil betrekken. In de meeste gevallen laten we een opzegmogelijkheid opnemen van een week, tot maximaal een maand. Dat betekent dat je als pop-upretailer heel plotseling kan moeten sluiten, opruimen en vertrekken. Houd daar rekening mee. Via pop-ups speel je in op kansen, maar moet je uiteraard ook rekening houden met de nadelen ervan.

C

- CASE -
Axa opent extra servicepunt na hagelstorm

In de zomer van 2014 troffen een aantal zware hagelstormen het Vlaamse land. Hagelbollen van enkele centimeters groot brachten heel wat schade toe aan huizen, rolluiken en geparkeerde auto's. Veel wagens hadden honderden kleine inslagen in de carrosserie. In totaal 11.000 wagens liepen zware schade op. Heel wat autobestuurders zaten dan ook met de handen in het haar. Was dit te herstellen? Dekte de verzekering de schade? En met wie moest men hiervoor contact opnemen? Het was voor velen ook niet evident om hun auto in de garage achter te laten en te wachten op een bezoek van de verzekeringsexpert.

Verzekeraar Axa schakelde snel en zette een extra servicepunt op in de vorm van een pop-upcontact- en repaircenter in Vilvoorde, bij Brussel. In deze pop-up konden mensen hun wagen laten inspecteren door experts. De wagen hoefde er niet te blijven maar kon meteen weer meegenomen worden.

De pop-up was in die zin interessant voor zowel de klant als Axa zelf. Zonder dit initiatief hadden mensen het lange tijd zonder auto moeten doen, terwijl ze wachtten op een bezoek van een verzekeringsexpert aan hun garage. Nu konden ze zelf naar het pop-upcontactcenter rijden en meteen horen hoe, wanneer en door wie alles gerepareerd kon worden. En de verzekeringsexperts konden veel meer schadegevallen per dag afhandelen, doordat ze de verplaatsing konden uitsparen en werken vanuit de centrale pop-up nabij Brussel.

Dit initiatief zorgde ervoor dat alles veel sneller werd afgehandeld en dat de verzekeringsmaatschappij bovendien een aantal positieve persberichten versierde in de media.

TECHNISCHE EISEN VAN JE POP-UP

Bij het openen van een pop-upstore komen heel veel dingen kijken. De meeste hebben we intussen overlopen, maar toch blijven een aantal technische items op de planning staan. We willen het hier hebben over technische inrichtingen zoals beveiliging, betaal- en kassasystemen, *hotspots*, verwarming en andere functionele extra's waar je waarschijnlijk nog niet aan dacht.

Beveiliging en klantentelling

Je ziet ze in bijna alle winkels: systemen om winkeldiefstal tegen te gaan. Ook in pop-upstores doe je er goed aan daarvoor te zorgen. Winkeldieven slaan overal toe, zeker op die plaatsen waar het hen niet zo moeilijk gemaakt wordt. Veel pop-ups laten na om hun producten goed te beveiligen tegen diefstal en creëren zo een aanzienlijk risico. Zeker bij kleine, waardevolle producten levert dit regelmatig problemen op. Het zijn trouwens niet alleen externe dieven die aan het werk gaan. Ook (vast of tijdelijk) personeel durft al eens iets te ontvreemden. Om al die zaken tegen te gaan, denk je het best na over een diefstalpreventiesysteem.

We denken hier in eerste instantie aan systemen die werken met de klassieke beveiligingstags die je vastmaakt aan de producten. Bij het passeren van een van de poortjes aan de uitgang geven ze alarm. Je kunt ook opteren om dergelijke poortjes uit te rusten met klantentellers. Dan kun je perfect zien hoeveel bezoekers er over de vloer kwamen in je pop-up en wat de drukste momenten waren. Waardevolle informatie die je kunt gebruiken bij het opzetten van je volgende pop-upstore of andere vaste winkelpunten.

Er bestaan al eenvoudige systemen op de markt die gemakkelijk te installeren zijn, ook in een tijdelijke pop-upshop. Dergelijke systemen kun je kopen of huren en kunnen eenvoudig geïnstalleerd worden op netstroom. Er bestaan zelfs professionele oplossingen die op batterijen werken. Ideaal om te gebruiken bij pop-upstores dus.

Betaalterminals en kassasystemen

Het betaal- en kassamoment is meestal niet de meest aangename ervaring bij het shoppen. Dat is bij pop-upretail spijtig genoeg niet anders. Als je effectief producten verkoopt in je tijdelijke winkel, kun je er maar beter voor zorgen dat het betalen vlot en vlekkeloos verloopt. Dit start bij het aanbieden van diverse betaalmogelijkheden. En dan is een betaalterminal een noodzakelijk kwaad. Diverse systemen kunnen worden gehuurd. Je kunt bijvoorbeeld opteren voor een klassieke toonbankterminal. Die werkt op een vaste telefoonlijn, maar kan tegenwoordig ook met een gsm worden verbonden. Handiger zijn de draagbare terminals, die flexibel zijn en niet aan een vaste plek gebonden. Je kunt er perfect mee naar je klant.

Tegenwoordig bestaan er ook handige kassasystemen die geschikt zijn voor de meeste tabletcomputers. Via een eenvoudige applicatie tover je een tablet om in een handig kassasysteem. Je vindt op de markt heel wat eenvoudige en goedkope systemen voor een vast bedrag per maand. Veel van deze systemen zijn trouwens heel volledig. Je kunt er zowel cash- als kredietkaartbetalingen mee registreren en ook een kassabon printen gaat vlotjes. En uiteraard worden alle verkopen mooi bijgehouden. Voor horeca kun je er zelfs perfect je bestellingen per tafel mee opnemen. Handig en helemaal niet zo duur.

Wifi

Ook wifi mag niet meer ontbreken bij de moderne retailer. Dat is zeker ook het geval bij een trendy en vernieuwende pop-upstore. Temeer indien je binnen je doelgroep ook jongeren target, is gratis wifi iets wat je sterk dient te overwegen bij het opzetten van je pop-up. Het biedt mogelijkheden om informatie van je bezoekers te verkrijgen en je biedt je shoppers een extra service.

Veel gratis wifinetwerken vragen vooraf eenvoudige registratie via een e-mailadres. Het verzamelen van deze adressen via *wifitracking* is een handige manier om een databank aan te leggen van bezoekers. Deze adressenlijsten kunnen heel waardevol blijken binnen je communicatieplan voor je pop-up. Bij de volgende pop-up wil je toch zeker je vorige bezoekers opnieuw uitnodigen?

Voor het opzetten van dergelijke wifinetwerken met *tracking*-mogelijkheid, doe je het best een beroep op experts. Ze installeren snel een krachtig netwerk en zorgen ervoor dat een bezoeker via een welkomschermpje op de smartphone vlot en snel kan inloggen. Dit welkom- of inlogscherm is uiteraard volledig te personaliseren volgens jouw huisstijl en komt in die zin heel professioneel over.

Dergelijke wifisystemen kunnen ook perfect worden gehuurd. Diverse bedrijven zijn daarin gespecialiseerd en helpen je graag verder. Ze zijn gewoon om snel te schakelen en werken vaak ook op afgelegen plaatsen, zoals bijvoorbeeld zomerfestivals en dergelijke. Een *hotspot* creëren in een pop-upstore vormt voor dergelijke specialisten dus geen enkel probleem.

Audio/video-oplossingen

In een winkelomgeving let je er waarschijnlijk al lang niet meer op, maar passende achtergrondmuziek is bijna overal aanwezig. Bij veel pop-ups is het akelig stil en ontbreekt het meestal aan dergelijke passende muziek. Tegenwoordig gaat het echter om veel meer dan enkel achtergrondmuziek. Bijpassende schermen waar boodschappen afwisselen met bewegende sfeerbeelden, creëren een passende sfeer in je pop-up. Denk hierbij misschien aan een van de vele *conceptstores* die je ongetwijfeld al bezocht. De Replay-store in Barcelona bijvoorbeeld, of het Nike-lab in Londen. De sfeer wordt er gemaakt door de verlichting, de beeldschermen en de bijpassende muziek.

Je kunt hier natuurlijk opteren voor een basisoplossing, maar wil je echt je shoppers beïnvloeden, dan roep je het best de hulp in van specialisten. Deze experts werken graag een plan voor je uit dat via betrouwbare technologie de winkelervaring naar een hoger niveau tilt. Daarbij moet je uitgaan van je doelstellingen. Wat wil je bereiken met je pop-up? Ga je voor imago, inspiratie of promotie? Op basis van deze doelstellingen wordt muziek en beeld gekozen en via professionele apparatuur in je winkel gebracht. Je kunt opteren voor een eenvoudige op maat gemaakte *playlist* of je eigen radiostation. Wil je meer, dan kun je muziek integreren met beeld en op die manier een volledige multimedia-omgeving bieden aan je bezoekers. Al dan niet interactief via integratie met socialemediaplatformen.

Deze interactiviteit kan ver gaan. Je kunt mensen aanmoedigen om eenvoudig zaken te delen via Facebook of Twitter. Je kunt als moderetailer inzetten op een interactieve spiegel, die naast een *share-button* ook direct andere kleuren kan tonen of de beschikbaarheid kan checken in de verschillende vestigingen van de winkelketen.

Waarom zou je als retailer trouwens niet inzetten op omnichannel en in je pop-up de mogelijkheid bieden om items via een interactief scherm of tablet te bestellen? Zeker indien je in je pop-up slechts een beperkt aanbod toont, kun je shoppers via interactieve schermen toch de volledige collectie aanbieden via je webshop of applicatie. Of je kunt zaken thuis laten leveren bij mensen die toevallig passeerden en geen mogelijkheid hebben om je producten nu mee naar huis te nemen. In grote toeristische steden merk je dit fenomeen vaak op. Als toerist ontdek je een leuk winkeltje waar je eigenlijk wel een en ander wilt kopen. Maar het idee

C

- CASE -

Lacoste-*flagshipstores* vertellen het merkverhaal via *videowalls*

De nieuwe Lacoste-*flagshipstores* gebruiken gigantische videoschermen om het merkverhaal op een verhelderende manier te communiceren. De schermen vertellen het verhaal van Lacoste vanaf het ontstaan van het merk, de eerste productlijn tot en met de gebruikte materialen. Natuurlijk gaat het ook over de vele beschikbare kleuren gebaseerd op het originele concept van René Lacoste.

Met de videowanden voegt het merk een moderne communicatietool toe aan hun eerder klassieke winkels. Daardoor kunnen ze beter communiceren met hun shoppers en ze vooral het gevoel van een luxewinkel bieden. Shoppers ervaren de nieuwe omgeving als exclusiever en eigentijds. Een sfeer die hen doet denken aan een prestigieuze *fashionshow*. Een sfeer die doet kopen.

Een initiatief dat ervoor zorgde dat alles veel sneller werd afgehandeld en waardoor de verzekeringsmaatschappij bovendien een aantal positieve persberichten versierde in de media.

dat je de goederen de rest van je citytrip zult moeten meezeulen, weerhoudt je. Een eenvoudige bestelmogelijkheid met thuisleveringsoptie biedt in deze een oplossing. Waarom zou een shopper die superoriginele *fixed gear* retrofiets dan nog aan zich laten voorbijgaan? Je levert hem toch gewoon enkele dagen later bij hem thuis?

Airco en verwarming

Een winkel of horecagelegenheid kan niet zonder goede klimaatbeheersing. Een goede regeling van temperatuur en vochtigheid draagt niet alleen bij tot de gezondheid, maar creëert ook de perfecte omgeving om meer te verkopen. Bekijk dan ook of je pop-uplocatie op dit vlak een voldoende krijgt. Kun je genoeg luchtcirculatie garanderen, de ruimte opwarmen of afkoelen indien nodig en op die manier een goed klimaat garanderen? Is dat niet het geval, dan kijk je het best even rond om via mobiele toestellen voor extra verwarming, ventilatie of koeling te zorgen.

Opteer je voor een mobiele unit? Een truck, houten chalet of container waarin je wilt gaan poppen? Dan kan daar uiteraard ook voor gezorgd worden.

Je kunt opteren voor diverse toestellen, die meestal zowel gekocht als gehuurd kunnen worden. We denken in de eerste plaats aan ventilators, mobiele airco's, warmteblazers of zelfs heuse warmtekanonnen die op gasolie werken. Dus zelfs indien de elektriciteitskast niet berekend is op extra belasting, bestaat er wel ergens een passende oplossing.

Geur

Geur is het belangrijkste en meest invloedrijke zintuig bij de mens. Het is al even bekend dat bepaalde geuren ervoor zorgen dat mensen meer kopen in je winkel of een leukere herinnering overhouden aan het winkelbezoek. Je pop-upstore moet indruk maken. Denk er daarom misschien ook aan om bijkomend te investeren in geurmarketing. Geur is een van onze meest krachtige zintuigen. Niet toevallig dat veel bakkerijen de geur uit hun ovens letterlijk naar de ingang van hun winkel blazen. Geur zorgt immers voor aandacht. En een blijvende indruk. Misschien wel het bekendste voorbeeld van geurmarketing in winkels vinden we bij de Amerikaanse keten Abercrombie & Fitch. Maar ook in jouw pop-up kun je er gemakkelijk gebruik van maken.

Een specifieke geur laten creëren voor je winkel(s) zorgt in grote lijnen voor drie effecten. Je zorgt in eerste instantie voor herkenning van je winkelmerk. Onderzoek wijst uit dat consumenten en shoppers op basis van een geur je merk beter onthouden en dat ze loyaler zijn. Daarnaast helpt geur om mensen langer in je winkel te houden en hen meer te laten besteden. Tot slot, als derde effect, kunnen we stellen dat geur zorgt voor memorabele ervaringen. Studies wijzen uit dat mensen honderd keer meer geneigd zijn om iets te onthouden wat ze ruiken tegenover iets wat ze zien of horen.

Reden genoeg dus om geur te overwegen in je pop-upconcept. En ook daarvoor kun je een beroep doen op diverse deskundige geurmarketeers. Deze specialisten helpen je bij het bepalen van de ideale geur in functie van je doelstellingen en leveren daarenboven meestal ook de installaties en technieken om de gekozen geuren te verspreiden. Dergelijke geurtoestellen kun je bij diverse leveranciers huren op maandbasis.

GESLOTEN. WAT NU?

Op een gegeven moment is het tijd om je pop-up te sluiten. Soms is de verleiding groot om het nog even te rekken, maar de beste concepten sluiten op een topmoment. Dit biedt mogelijkheden voor toekomstige pop-ups. Probeer het concept dus niet langer te rekken dan oorspronkelijk gepland. En geniet van je populariteit door er een vervolg aan te breien op een ander moment en/of een andere plaats.

Als je de deur dichttrekt, moet je goed communiceren. Waar ben je nog wel te vinden? Enkel online, of heb je nog andere winkelpunten? En hoe geraak je daar? Eventueel kun je er mensen via route-instructies naartoe leiden vanaf de plaats van de net gesloten pop-up. Heb je al nieuwe pop-upplannen? Kun je die al communiceren? Vermeld dan zeker al de nieuwe locatie en timing. Dergelijke boodschappen kun je eventueel aanbrengen via een raamsticker op het pand waarin je de pop-up organiseerde. Spreek dat wel af met de eigenaar, zodat je achteraf geen problemen krijgt.

Het is ook tijd om alle signalisatie weg te halen uit het straatbeeld. Eerst en vooral om alles proper achter te laten, maar evenzeer om geen verkeerde boodschappen te geven. Veel pijlen en badges zullen waarschijnlijk opnieuw gebruikt kunnen worden bij je volgende pop-upstore.

Naast communicatie in en rond het pand zelf, is het belangrijk om ook je eigen communicatiemiddelen up te daten. Verwijder de tijdelijke locatie van diverse dragers. Zet je profielen op Foursquare, Google Maps en Facebook weer op punt. Pas ook je eigen website opnieuw aan.

Nadat je hebt gezorgd voor een duidelijke communicatie naar je doelgroepen, moet je er uiteraard ook voor zorgen dat het pand wordt leeggemaakt en opgeruimd.

Breek je inrichting af. Meestal gebeurt dat door de firma die alles opbouwde. Bij een modulaire, herbruikbare inrichting komt het er uiteraard op aan ervoor te zorgen dat de inrichting effectief herbruikbaar blijft. We willen in dit stadium geen brokken maken. Laat het over aan professionals en zorg voor een goed geacclimatiseerde opslagruimte. Menig interieurbouwer zal je deze extra opslagdienst met plezier aanbieden. Uiteraard in de hoop dat ook de volgende pop-up via zijn bedrijf geïnstalleerd zal kunnen worden.

Eventueel gehuurde items moeten teruggebracht of opgehaald worden. Je huurde meubels, valse wanden, stroomgroepen, warmteblazers, beveiligingsinstallaties, interactieve schermen of ander materiaal? Laat het snel ophalen, dat beperkt extra kosten. Zorg ervoor (en dubbelcheck) dat je overal de betaalde waarborgen terugkrijgt en check of de facturen overeenkomen met de budgetramingen die je ontving. Je zou niet de eerste zijn die een factuur gepresenteerd krijgt die afwijkt van eerder ontvangen offertes.

Gebruikte je voor je concept zaken die je in de toekomst niet meer zult gebruiken? Aarzel niet om het meteen te koop aan te bieden. Via tweedehandswinkels of veilingsites kun je de goederen nog converteren naar cash die je in de toekomst voor andere nieuwe spullen kunt gebruiken. Of je kunt er kringloopwinkels en liefdadigheidsinstellingen een plezier mee doen.

Tijd om alles schoon te maken. Herstel eventuele schade, schakel nutsvoorzieningen uit en geef alles een grondige schoonmaakbeurt. Zorg er met andere woorden voor dat de eigenaar een netter pand terugkrijgt dan hij je gegeven heeft. In dat geval zal het geen enkel probleem zijn om je waarborg terug te krijgen. En eventueel kun je nadien nog eens bij hem aankloppen om een van zijn andere locaties tijdelijk te bezetten.

Administratie

Het is nu ook tijd om verzekeringen, extra vestigingen in het KBO en tijdelijke vergunningen te laten schrappen. Veel overheden vinden dergelijke zaken nog steeds bizar. Check dus steeds nauwkeurig of alles wel geschrapt is. Zo niet, dan riskeer je extra bedrijfsbelastingen en eventuele verzekeringspremies te betalen voor zaken waar je geen gebruik meer van maakt.

TE VERWACHTEN PROBLEMEN

Een pop-upproject verloopt niet altijd van een leien dakje. Dat is trouwens een van de redenen waarom we er een boek over schrijven. We willen onze ervaringen graag delen en op die manier voor betere pop-ups zorgen. Er zijn bij tijdelijke pop-upprojecten altijd wel een aantal problemen die je mag verwachten. En het feit dat je ze verwacht, kan het een heel stuk gemakkelijker maken om ermee om te gaan.

Weerstand verhuurder

De meeste winkelverhuurders waar we mee in aanraking komen, staan niet te springen om een pop-upstore toe te laten in hun leegstaande pand. Ze zien in eerste instantie vooral nadelen en bekijken pop-upretailers als amateurs. Probeer hen te overtuigen van je professionele aanpak en laat hen vooral ook de voordelen zien.

Weerleg hun kritiek dat ze veel meer kosten dan opbrengsten zullen hebben aan een tijdelijke verhuur van hun pand. Spreek af wat je zult doen om het pand in goede staat te houden. Als je plant om alles een likje verf te geven, zeg dat dan duidelijk vooraf. Dergelijke oplapwerken zijn ook voor de eigenaar interessant. Hij ziet het in de meeste gevallen graag gebeuren.

Spreek ook duidelijk een vergoeding af. Veel eigenaars hoorden links of rechts al wat negatieve ervaringen met pop-upstores, die de eigenaar veel moeite kostten voor een heel kleine return. Velen denken ook dat ze hun pand gratis ter beschikking moeten stellen en weigeren daarom om verder te praten. Laat bij je eerste contacten dan ook snel weten dat je bereid bent om een vergoeding te betalen. En zorg dat het een billijke vergoeding is waarmee een win-winsituatie gecreëerd wordt voor beide partijen.

Een ander voordeel voor de eigenaar dat je kunt gebruiken bij de onderhandelingen is het feit dat je met een pop-up het leegstaande pand op een positieve manier extra aandacht zult bezorgen. Je zult de reële mogelijkheden van het pand in de kijker zetten. Indien gewenst kan er extra reclame gemaakt worden voor het leegstaande pand, bijvoorbeeld door het aanbieden van een flyer in de pop-up. Of je kunt bezichtigingen met potentiële langetermijnhuurders toelaten tijdens je pop-up. Op die manier zijn die soms blij verrast door het zien van de mogelijkheden van het pand. We maakten het al mee dat er op die manier panden werden verhuurd die al jaren leegstonden.

Tot slot is het feit dat je een sluitend contract voorstelt, dat vooral de eigenaar indekt en waarin je duidelijke afspraken maakt, meestal iets wat deuren doet opengaan.

Verhuurders zijn vooral bang doordat ze risico's zien bij het denken aan tijdelijk gebruik. Stel ze zoveel mogelijk gerust en toon hen de voordelen. Dit zal de onderhandelingen een stuk gemakkelijker laten verlopen en ervoor zorgen dat je bij een volgende vraag al met heel wat minder vooroordelen te maken zult krijgen. Een samenwerking met een tussenpersoon die reeds vertrouwen opbouwde in het pop-upgebruik, is veelal ook een extra troef.

Vertragingen

Een pop-up opzetten vraagt tijd. En dat is in strijd met het idee dat de meeste mensen hebben bij pop-upretail. Je denkt dat het altijd heel snel moet gaan. Dat je in een paar dagen of weken tijd het geheel voor elkaar moet krijgen. Voor de opbouw is dat inderdaad meestal het geval. Een aantal dagen moet meestal volstaan voor de effectieve inrichting. De voorbereidingen nemen echter meer tijd in beslag.

Het begint meestal al bij het vinden van een pand. Veel pandeigenaars houden je langer aan het lijntje dan je lief is alvorens hun toestemming te geven. Eens er een mondeling akkoord is, kan het afsluiten van het contract voor een tweede vertraging zorgen. Soms krijg je bijvoorbeeld te maken met meerdere eigenaars, die elk hun akkoord moeten geven. Bij de grotere vennootschappen die winkelvastgoed aanbieden, is er in de meeste gevallen een leger juridische adviseurs die het contract moeten screenen en bijsturen. En dergelijke juridische diensten nemen meestal hun tijd en laten zich niet opjagen onder tijdsdruk.

Dan komt de rest van het administratieve luik. Wijzigingen doorvoeren in de kruispuntbank voor ondernemers in verband met extra activiteiten of vestigingen, het aanvragen van de nodige vergunningen, toestemming verkrijgen bij politie en brandweer in bepaalde gevallen… De meeste van deze administratieve taken starten met een uitgebreide uitleg van wat je precies van plan bent. In veel gevallen kom je dan wel iemand tegen die vindt dat hij alles eens rustig en grondig wil onderzoeken, alvorens de procedure tot het bekomen van de vergunning of toelating op te starten.

Wij hebben geleerd geduld te hebben. Gelukkig kunnen we intussen ook al een beroep doen op enkele heel gemotiveerde ambtenaren in ons netwerk die ons net iets vlugger kunnen helpen. Houd er echter rekening mee dat dergelijke pop-upprojecten nog meer tijd vragen dan andere formaliteiten die je voor je bedrijf in orde dient te brengen.

Verzekeringsmaatschappij

In dezelfde categorie willen we je waarschuwen voor mogelijke problemen met de verzekering. Verzekeringsmaatschappijen werken in de meeste gevallen ook via standaardprocedures, waar pop-upformules niet in thuishoren. Het aanbieden van extra verzekeringen, nodig bij het uitbaten van een pop-up, zit dan ook bij niemand standaard in het productaanbod. Vooral bij heel tijdelijke projecten ervoeren we moeilijkheden. Polissen worden meestal per jaar afgesloten. Een verzekering voor enkele dagen heeft meestal dus nogal wat voeten in de aarde.

Mits je een goede verzekeraar (of een makelaar) hebt, komt het echter meestal wel in orde. Maar zorg ervoor dat je dergelijke zaken niet last minute moet afhandelen. Dat zou wel eens verkeerd kunnen aflopen.

Nijd en jaloezie

Bij het openen van tijdelijke pop-upwinkels krijgen ondernemers vaak te maken met jaloezie van handelaars met een permanente winkel. Zij zien pop-ups vaak als een vorm van oneerlijke concurrentie. Volgens hen komen pop-ups tijdens de meest interessante periodes van het jaar klanten afsnoepen om nadien weer te verdwijnen. Oneerlijk is het natuurlijk niet, eerder slim bekeken. Want laat het duidelijk zijn, ook pop-ups moeten voldoen aan de geldende wetgeving. In bepaalde sectoren waar marges onder druk staan, is het niet altijd evident. Niet iedereen vindt dat het tijdelijk oplossen van leegstand beter is dan een verlaten, opgesloten pand in de straat. Nijd en jaloezie leiden soms tot protestacties. Acties waarbij handelscomités negatief adviseren bij de stadsdiensten in de hoop dat die niet de nodige papieren gunnen. Of acties waarbij men inspectieteams op de pop-ups afstuurt in de hoop ze op die manier snel te laten sluiten. Zorg er dus altijd voor dat je met alle vergunningen en andere administratie in orde bent en probeer samen te werken met andere handelaars. Want geef toe: goed draaiende zaken in een buurt versterken elkaar en zorgen dat iedereen er wel bij vaart.

Pop-upmall krijgt geen vergunning na tussenkomst lokale handelsvereniging

Een voorbeeld van hoe het er in de praktijk soms aan toegaat, dateert van enkele jaren terug aan de Belgische kust. We hadden, in samenwerking met een aantal ondernemende merken, het plan opgevat om tijdens de zomermaanden een heus pop-upwinkelcentrum op te zetten aan de kust. Bij contact met een van de kustgemeentes kregen we te maken met een superenthousiaste burgemeester die in ons initiatief een schitterende kans zag om een deel van zijn gemeente nieuw leven in te blazen. De meeste toeristen bleven (en blijven) er weg en via een tijdelijke *pop-upmall* kon daar verandering in komen. Een ideale tool om de lokale handel in dat district van zijn gemeente tevreden te stellen, zo dacht de burgemeester.

De locatie paste perfect binnen onze plannen en er werd een overleg gepland met de gemeente en de lokale handelaars. Toen we de plannen uit de doeken deden, kwam er echter weerstand. De voorzitter van het lokale handelscomité was niet meer van de jongsten en had het niet zo begrepen op dergelijke nieuwe vormen van retail. Hij zag het als rechtstreekse concurrentie en geen enkel argument kon hem overtuigen. Nochtans hadden we een strak plan. De merken gingen via de pop-upwinkel in de tijdelijke *mall* enkel verkopen via hun lokale dealers en binnen de *mall* was er ook heel wat ruimte gecreëerd voor lokale handelaars die tijdelijk iets extra's of vernieuwends wilden opzetten. De gemeente ging op dat vlak instaan voor een deel van de kosten.

Noch onze uitleg, noch een erg vurig pleidooi van de burgemeester konden het tij doen keren. Nochtans merkte de voorzitter op het einde van de betogen fijntjes op dat de lokale marktdag voor zijn handelaars wekelijks een topdag was. Je weet wel, die dag waarop 'pop-upkraampjes' de ingang van de lokale winkels zo goed als blokkeren, maar die blijkbaar toch voor de nodige aantrekking zorgen en mensen ook bij de lokale winkels doen kopen.

Of hoe vooroordelen en jaloezie een bestuur er soms van overtuigen om een vergunning te weigeren, hoe graag het die ook had toegekend.

TIPS EN TRICKS

Als afsluiter geven we je graag nog een aantal heel praktische tips mee. We overliepen in dit boek de hele opzet van de pop-upstore. We schetsten het kader en overliepen de situatie bij de verschillende betrokken partijen. Maar waar moet je nu heel concreet zeker aan denken? Welke zaken zullen je opzet vlotter doen verlopen? We zetten een aantal stellingen op een rijtje die je opzet gemakkelijker tot een goed resultaat moeten brengen.

Bepaal je doel

Je pop-upstore is geen doel op zich. Het is slechts een middel om een doel te bereiken. Leg je doel vooraf vast en vraag je af of een pop-up het juiste middel is.

Zie het strategisch en op lange termijn

Probeer pop-upretail in te plannen als element binnen je volledige marketingstrategie. Bekijk het niet als een eenmalige leuke activiteit, maar gebruik een pop-up als een complementaire tool om je businessmodel te verfijnen. Ga in die zin uit van een langetermijnbenadering, waar je ook bij je inrichting rekening moet mee houden. Stel een plan op van locaties waar je in de komende jaren strategisch regelmatig aanwezig wilt zijn en zorg telkens dat je oppopt met een verrassend nieuw verhaal.

Locatie: vermijd dode zones

Bij het zoeken van een locatie moet je uitgaan van je doelgroepen. Sluit zeker vooraf al een aantal locaties uit. Hoe verleidelijk het aanbod soms kan zijn, op sommige plaatsen zal een pop-upstore nooit een succes worden. Vermijd daarom zeker de zogenaamde dode zones: zones waar je geen shoppers verwacht en waar je ze ook niet naartoe krijgt. De locatie is koning. Wees dus niet te snel tevreden.

Maak goede afspraken via een sluitend contract

Goede afspraken maken goede vrienden. Dit stellen is een open deur intrappen maar nog te vaak horen we dat het fout liep. Stel een goede gebruiksovereenkomst op waarin alle afspraken duidelijk worden vermeld. Zorg dat je weet wie zich waartegen moet verzekeren en wat er dus zal gebeuren in geval van schade. Vermeld ook de nodige clausules omtrent timing: huurperiode en opzegperiodes.

Besteed voldoende budget aan je pop-up

Pop-ups worden nog te vaak gezien als snel opgezette, amateuristische winkels. Maak het verschil door je te baseren op conceptstores en andere adembenemende belevingswinkels. Zorg dat mensen trots zijn als ze je pop-up hebben ontdekt. Besteed daarom voldoende tijd en geld aan het concept en de inrichting van je tijdelijke winkel. Werk samen met creatievelingen en zorg dat ook technisch alles goed ontworpen is. Iets wat zowel esthetisch als functioneel goed in elkaar steekt, levert je nadien veel centen op. Door een betere return, maar evenzeer door het vlot op- en afbouwen elke keer dat je popt.

WAAR GAAT JE BUDGET NAARTOE?

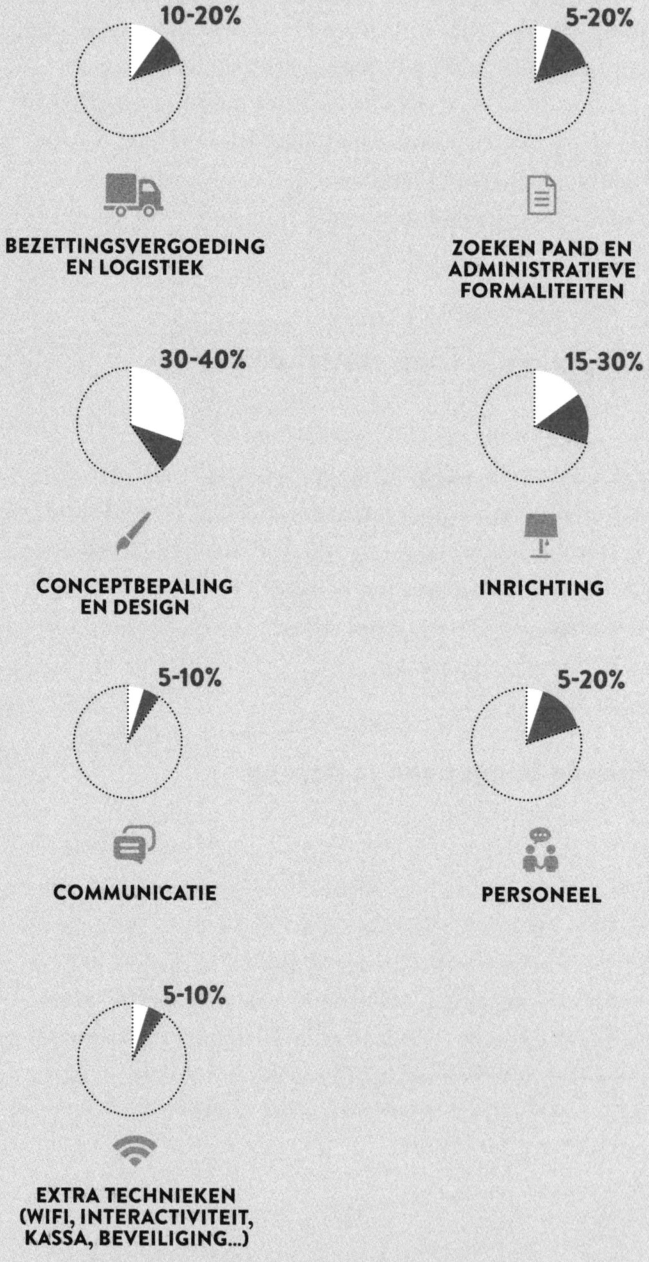

Communiceer krachtig en creatief

Mensen moeten vanaf het begin weten dat je er bent. Een communicatieplan is van groot belang. Start er daarom vroeg mee en bouw de communicatie stap voor stap op. Start met te triggeren en ga daarna over op communicatie die ervoor zorgt dat de shoppers je pop-up komen bezoeken. Gebruik daarbij gerust de nieuwe mediatechnieken, maar verlies zeker de betalende en eigen mediakanalen niet uit het oog. En besef vooral: hoe origineler je concept, hoe minder communicatie je nodig zult hebben om het verhaal rond te laten gaan.

Niet te lang

Een pop-up is per definitie tijdelijk. Bij goed draaiende tijdelijke winkels is het heel verleidelijk om wat langer open te blijven dan oorspronkelijk gepland. Doe dat echter niet, want daardoor verliest je concept aan kracht. Houd het tijdelijk en op die manier exclusief. Zorg dat mensen er naar blijven verlangen en sluit daarom telkens op een hoogtepunt. Het zal je geen windeieren leggen bij je volgende pop-up.

Zorg voor gemotiveerd personeel

Je mag nog zo'n leuk concept in elkaar steken, als je personeel er niet enthousiast, vriendelijk en gemotiveerd bij loopt, zal het niet lang duren eer de eerste shoppers negatieve ervaringen opdoen. Je personeel moet volledig mee zijn in het concept en ervoor zorgen dat het geheel slaagt. Informeer, train en motiveer ze. Een lastige taak, maar als je medewerkers niet top zijn, zal je van alle inspanningen die je deed om je pop-up succesvol te maken, slechts een kleine fractie overhouden.

CHECKLIST

Bij het opzetten van pop-upstores komt heel wat kijken. Dat is intussen duidelijk. Gemakkelijk dus om zaken over het hoofd te zien. Om dat te vermijden sluiten we af met een handige checklist. In de mate van het mogelijke voegden we een tijdskader toe. Dit tijdskader is puur indicatief. Het is in sterke mate afhankelijk van het soort pop-up, de locatie, het concept en de regelmaat waarmee je dergelijke tijdelijke winkels opzet.

Stel voor je start een team samen. Bekijk welke competenties aanwezig zijn en welke externe hulp je moet zoeken om die aan te vullen. Het is altijd beter om iets langer stil te staan bij het strategische aspect en daarover verschillende opinies te horen. Toets je eigen ideeën aan die van externe experts. Dit zal je tijdens de opbouw veel tijd en geld besparen, maar zal ook leiden tot een groter succes van je tijdelijke opzet.

Je merkt het, mits een goede voorbereiding volstaat het om drie tot vier maanden vooraf te starten met het effectieve opzetten van je pop-upstore. We hopen alvast dat je er met deze checklist in slaagt om een leegstaand pand om te vormen tot een mooie, tijdelijke winkel. Een pop-upstore waar shoppers en consumenten verrast worden en waar ze unieke dingen beleven. Een pop-up die hen lang zal bijblijven. Een pop-up waarmee je de gestelde doelstellingen perfect kunt inlossen.

1 jaar

Eén jaar vooraf: strategiebepaling

Doel?
Doelgroep?
Passend binnen de strategie?
Locatie? Regio?
Type pop-up?

6 maanden

Zes maanden vooraf: conceptbepaling en design

Mate van originaliteit?
Waarom wil een shopper er geweest zijn?
In lijn met huisstijl en merkwaarden?
Materiaalkeuzes?
Modulair ontwerp, aanpasbaar aan verschillende ruimtes?
Vlot op te zetten/af te breken?

4 maanden

Vier maanden vooraf: vergunningen

KBO aanpassen.
Verzekeringen informeren.
Toestemmingen en vergunningen vragen aan de desbetreffende diensten (politie, brandweer, stadsbestuur, voedselagentschap, Sabam/Buma-Stemra…).

3-4 maanden

Drie tot vier maanden vooraf: zoeken locatie

Ligging?
Passage?
Parking?
Nutsvoorzieningen?
Opslagruimte?
Toegang voor leveringen?
Wat is mogelijk in het pand?

2 maanden

Tot twee maanden vooraf: start productie interieur- en eventuele exterieurelementen

Opbouw modulaire elementen.
Productie wegwijzers/gevelborden…

2 maanden

Twee maanden vooraf: opmaak communicatieplan

Bepalen mediatools.
Communicatiebureau briefen.

Twee maanden vooraf

Personeel zoeken.
Vastleggen pand en opstellen contract.

1 maand

Eén maand vooraf

Productie communicatietools zoals drukwerk, website en andere communicatiemiddelen.
Opstellen kalender van events en workshops die je pop-up extra aantrekkelijk zullen maken.

2 weken

Twee weken vooraf

Start opbouw interieur.
Installatie techniek (kassa, betaalsystemen, wifi, beveiliging, muziek en video...).
Opstart communicatiecampagne met aandachttrekkers en *teasers*.

1 week

Eén week vooraf

Start uitstallen producten, *dry run* testfase en controle van alle vergunningen en toestemmingen.

2 dagen

Twee dagen vooraf

Persvoorstelling in de pop-up.

1 dag

Eén dag vooraf

Als alles goed ging, heb je nu tijd om de laatste details in orde te brengen.

DE

TOEK

DE TOEK

SLOT

OMST

SLOT – DE TOEKOMST VAN DE POP-UP-STORE: EEN BLIJVEND FENOMEEN?

Er zullen altijd permanente winkels blijven bestaan. Tijdelijke winkels zullen nooit de permanente vervangen. Toch zijn we ervan overtuigd dat pop-upretail blijvend is. Het is een nieuw concept binnen de retailwereld, dat in de toekomst in steeds meer retailstrategieën een plaats zal krijgen.

Toen we een paar jaar geleden startten als een van de eerste bedrijven die pop-upshops aanbood als dienst aan onze klanten, was niet iedereen even enthousiast. Velen raadden ons af om in de pop-upbusiness te starten. De reacties kwamen er meestal op neer dat men niet geloofde dat pop-ups blijvend zouden worden. De hype zou te snel overwaaien, vertelden ons meerdere critici. Niets is minder waar. Pop-ups zijn populairder dan ooit. Bovendien zien we nog heel veel kansen waar pop-upretail een efficiëntere strategie zou zijn, en mogelijkheden om bestaande pop-ups professioneler te maken.

Elke retailer moet een pop-upstrategie in overweging nemen en wel om de volgende redenen:

- Er is meer en meer leegstand en tendensen wijzen uit dat dat niet meteen zal veranderen. Retail is aan het veranderen. Iedereen spreekt over omnichannel en e-commerce, maar er zal altijd een hoge nood blijven aan fysieke contactpunten. Via pop-upretail beschik je over een ideaal middel waarmee je snel en vlot contactpunten kunt opzetten voor je klanten.
- Meer en meer winkelvastgoedeigenaars staan open voor kortetermijnverhuur. Ze zien er stilaan de voordelen van in.

- De wetgeving zal versoepelen. Meer en meer instanties willen een wettelijk kader scheppen om pop-upretail eenvoudiger te maken voor ondernemers.
- Steden en handelscomités zijn meer en meer vragende partij voor pop-ups in hun centrum.
- Pop-ups zijn een efficiënt alternatief communicatiekanaal.
- Pop-upretail laat merken toe te experimenteren en te testen, zonder meteen *all the way* te hoeven gaan.
- Het betreft een relatief goedkoop middel om winkel te houden.
- Shoppers worden graag verrast. Shoppers ontdekken graag nieuwe dingen. En net daarom zijn leuke pop-upstores zo succesvol.
- En tot slot, we merken met ons bedrijf dat er steeds meer aanvragen komen om pop-ups te integreren in het grotere strategische geheel.

Pop-upretail is een nieuw wapen voor retailers. Een middel waar ze een deel van de huidige knelpunten mee kunnen deblokkeren. Een middel waarmee je kunt inspelen op de internationale consumententrends, en waarmee je bovendien je rendement kunt opkrikken.

Wij geloven dat handelaars en vastgoedeigenaars meer en meer zullen samenwerken. Ze zullen samen tijdelijke winkels opzetten die unieke winkelbelevingen bieden. Merken zullen het concept gebruiken om een kort maar magisch moment te creëren en op die manier een blijvende indruk te maken op de shopper. Invoerders of producenten zien er een manier in om sporadisch direct contact te maken met hun eindklant. En de shopper zal nog meer dan vandaag een jager worden. Constant zoekend naar vernieuwing en unieke ervaringen.

Pop-upretail zal ooit gezien worden als een van de fenomenen die ervoor zorgden dat oude regels gebroken werden. Een fenomeen dat zorgde voor een aantal nieuwe regels in de plaats. De regels van vraag en aanbod. De regels van de markt. Pop-upretail is geen hype. Ook geen trend. Het is gewoon een feit.

Doe je mee?

Let's pop it up!